偏差値30からの中学受験

卒業編

母と子の旅立ち

鳥居りんこ

はじめに

このシリーズ本の最初に出させていただいた『偏差値30からの中学受験合格記』のラストは小学校の卒業を祝うシーンで終わっている。たとえ中学受験の結果がどうあれ、私たち母の未来は明るいという結びである。

その後、大変ありがたいことに全国の「たこ太ファン」のお母さま方から本の主人公である「たこ太のその後」を聞かせて欲しいとのご要望をたくさんいただいた。

たこ太はどんな中高時代を過ごしているのか?

彼は学園生活をエンジョイしているか?

お勉強のほうはどうなった?

本当に親戚のオバちゃんが全国にたくさんいるかのようで「あの小さかったたこ太」を心配してくれたり、応援してくれたりで、著者としては本当にありがたいと思う。

三月一日、たこ太は高校を卒業した。

小学校の卒業を祝ったと思ったら、もう早くも高校の卒業である。時は静かに流れる。

かつてたこ太の担任だった先生が謝恩会終了後に私にこうおっしゃった。

「今日この時は二度とない。このメンバー全員が一同に会することはもう二度とない。もうこの瞬間が永遠に来ないと思うと、コイツら全員に会うのは今日で本当に最後だと思うと・・・。ホントにいい奴らで・・・。全員いい奴らで・・・。いい奴らで・・・」

厳しいご指導で有名な先生の目が真っ赤だったのが印象的だった。

6年前のあの日、この学園に入学させていただいてからの日々。二度と戻れない日々の積み重ねである。この本はどこまでも母目線で見た「たこ太の学園生活」の一瞬、一瞬を拾い集めたものである。そのピースも息子の学年が上がるにつれ入手困難となり、やっと入手したと思っても、見れば限りなくぼやけている。

少しずつ少しずつ息子は私の手から巣立とうとしているかのようだ。

私は私で相変わらず性懲りもなく泣いたり笑ったりを繰り返している。

という本を書かせていただきました。

読者の方には「隣のたこ太はこんな6年間だったのね」と感じていただけたら幸いです。

そして同時にご自分のこの6年の日々を愛しく思い返していただけたら嬉しく思います。

この本の中に登場してくださるすべての方々に厚く御礼申し上げます。

恐ろしく忍耐強い学研の藤林仁司さんには堪忍袋の緒を何度も千切らせてしまいました。

同時にウインズ（株）の望月恭子さんには「落とし前つけんかいっ！」と何度も責め立てられ、いつから私はその筋に入ってしまったのかと子羊が震えるような日々でした。

お二人がおられなかったら絶対に生まれなかった本です。お二人には喜んでくださる読者の方がおられる限り自分らには「使命がある」という強い意志を見せていただきました。

私はこのお二人と仕事ができて幸せです。

最後に読者の方々の幸せを祈ります。今日のこの一瞬も母たちが幸せでありますように。

「たこ太」を愛してくださった方々、ありがとう。本当にありがとう。

鳥居りんこ＠2008年卒業式

LATIONS

偏差値30からの
中学受験

卒業編

CONTENTS

CONGRATU

「このときたこ太は⁉」は、実際たこ太くんにインタビューしてお話を聞いたものをもとにまとめています。

いまこそ、
落とし前を
つける
ときがきた。

中学編

中学受験を見事突破して入った
憧れの中学ライフが
いまスタートします。
そこに待ち受けているのは
パラダイスか、はたまた
地獄の２丁目か。
予想もしなかったことが起こるから
楽しくもあり、予想通りに
いかないから苦しくもあり。
それでも振り返れば
キラキラと輝くこの時代を
母は精一杯生きています。
ときに笑顔で、ときに涙に濡れながら
愛するわが子のために。

Junior HighSchool

お子さんを私立の中高一貫校に行かせて良かったですか?

二月一日が迫るころ、夜のプラットホームで青いバッグを背負った小さな戦士を見かけた。戦士はぎっしりと文字の連なった手ぬぐいを見ている。大手中学受験塾が受験生に配布している〝合格手ぬぐい〟なのだろう。講師、教室スタッフ、戦友、そして保護者が合格を願い、祈りを込めて、受験生その子のために文字に気持ちを託す寄せ書きである。

戦士の目が一心不乱に文字を追っている。ホームに電車到着のアナウンスが流れると、戦士は丁寧に手ぬぐいをたたみ始めた。手のひら大にたたみ終わると、戦士は両手でその手ぬぐいを包み込むように持ち、その小さな胸に近づける。瞬間、目を閉じて何かを祈っているかのように見えた。

電車の扉が開く。戦士が吸い込まれるように光の中に入って行った。私は電車を見送りながら、小さな戦士の笑顔の春を祈る。「きっと笑顔で」とただ祈る。

『偏差値30からの中学受験合格記』から5年の月日が流れた。小さな戦士の一人であった息子は間もなく高校卒業を迎える（多分）。こんなに時が流れても毎年この季節は胸がしめつけられるようで切ない。

我が子が六年生だったときの二月一日は特別な日だった。きっと、それぞれの戦士たちの母にとっても入試本番初日は特別な一日の始まりになるだろう。

そしてきっと忘れられない一日になるのだ。

息子が私立中学に合格したときはすごく嬉しかった。未来は光り輝いているように思えた。同じように娘が合格したときも嬉しかった。嬉しさと安堵と開放感という春の毛布に思いきりくるまれたかのようで幸せだった。

娘の場合は丸3年以上の塾生活をしたため、息子と合わせれば、私は人生の貴重な時間を5年近くも中学受験生活に捧げたことになる。

疲れた、本当に。何度も何度もやめようとした。塾も受験も。息子のときだけではなく、経験があるはずの娘のときも性懲りもなく「やめろ！」と言ってみたり「やめるな！」と言ってみたりで、この口はなんとも忙しかったのだ。

息子も娘も考えてみるまでもなく私の子だ。ゆえに頭の中身は知れている。トンビが鷹を産まないことは十分わかっているのだ。わかっているのに中学受験を一度目指してしまうと、ベルトコンベアに乗せられてしまったかのようで降り方がわからなくなる。

まさに〝負けがこんだ博打《ばくち》〟。今度こそ、えーい、今度こそという幻に囚《とら》われ、何に札をはっているのかも見えない状態で、ただただ目先の偏差値を追ってしまう。

そんな暮らしが嫌だった。今考えても、子どもと接するときに微笑みかけるよりも怒っているときのほうが多かったのではないかと、そう思う。何のために怒っているのかがわからなくなって、よく泣いた。悪いことをしているわけじゃない、むしろ勉強しようと、一点でも余計に取って母の期待に応えようとして、いや、真実は怒られまいとしてだろうか、まあどういう理由であろうと、授業を真面目に聞いているかどうかは置いておいても、あれだけの拘束された時間を過ごす小学生の我が子に「やる気がない」と怒鳴る母である自分に、涙したのだ。すべては中高一貫に行かせることが、子育ての「正しい道」だと(多少の疑問は封じ込め)信じたからにほかならない。

「お子さんを私立の中高一貫校に行かせて良かったですか?」

これまでに幾度となくこの質問を受けてきた。私はたいていこう答えてきたように思う。

「いいっちゃいいし、悪いっちゃ悪いし…」

質問してくださる方はこの煮え切らない答えに「はっきりせんかい! どっちやねん⁉」という顔をなさる。人の歩む道にも晴れの日があるし、曇りも雨も暴風雨もある。ひと言では良いとか悪いとか、とても言えないのだ。言えないけれど、繰り返されるこの質問を聞くたびに思い出すことがある。

千秋という名の友人がいる。時折りランチに行くくらいの気軽な付き合いだ。

ある日、彼女の一人娘が中学受験をすることに決めたらしく、千秋が私にこう言って来た。

「りんこ、何でもいい！（私立中の）情報ない？」

「私に聞くより、実際に行って調べたら？」

とつれない返事を返す私。

「行ってる！　もう30校以上行ったし、志望校は併願含みで1校に付き3回は行った！　でも、わかんないの！　行けば行くほどわかんないっていうか…。もうどうしていいかわかんないの。だから、お願いがあるの。一生のお願いだから一緒に学校説明会に行ってもらえないかな？」

一生のお願いってオーバーな。あんまりしつこく言われるので、ついに根負けして一緒に何校かに付き合うことにした。

どこをチェックすればいいか、何を聞けばいいか、どこで我が子との相性を探るのか、本当に我が子を行かせて大丈夫なのかをどこで判断するのかなどは、私よりも彼女のほうが遥かに精通していて驚いた。

「私が付いて来なくても十分平気だったじゃん？　すごい取材力だと思うよ？」

と私が言う。彼女は頭《かぶり》をふりながらこう言った。

「知れば知るほどわかんなくなるから、りんこにすがりたくなったんだ…。ごめん」

私は笑いながらこう言ったように憶えている。

「千秋がいいと思ったところがいいんだよ。母の第六感を信じよう？　ね？」

これはあながち嘘ではなく、本心から言っている。やっぱり母がいいと思ったところが、結果的に子どもに合っているというケースが多いのだ。

その後、私は猛烈に忙しくなり、彼女からも何も言ってこなくなったので、二人の仲は音沙汰がないというのか、まあ普通に戻ったというのか、そんな感じだった。

そんな春のある日、彼女から久しぶりの電話があった。

「りんこ？　娘が入学したよ。ありがとう！　りんこが『いいね、あの学校はいつ行っても』って言ってくれた学校あったでしょ？　あそこに決まったから！　ありがとう！」

「おめでとう」の言葉を伝える前に千秋が早口でこう言った。

「りんこ、あんな、私、癌《がん》やねん」

関西出身だとは聞いていたが、普段の会話にその面影がなく、関東地区のイントネーションでしゃべる千秋の急な関西弁が聞き取れない。

「ガ・ン・や・ね・ん」

ともう一度千秋が跳ねるようにそう言った。

「もう骨に転移してて、お医者さんからは手術は無理って言われててん。これが、りんことしゃべる最後になってまうかな～？」

驚いて声が出なかった。

「ごめんなあ～驚いたやろ？　車出すからランチ行こうって？　あはは、行きたいけど、もうよう歩かれへんねん。そこのコンビニにももう行かれへんしな。笑うやろ？　りんこ、わざわざ来やんでいいよ。

そんなつもりで電話したんじゃないからな」

千秋の声が元の関東イントネーションに戻った。

「私、りんこが『母がいいと思えばいい』って言ってくれたことがホントにありがたかったんだ。焦ってたの、本当に。もう娘に付いててやれる時間が残り少ないってわかってて、娘に何をしてあげられるかと思って、何を残してあげられるんだろうって思って、何も残せない気持ちがして焦ってた。忙しいのに無理矢理付き合わせてごめん。でも、ああ言ってもらえて、心のなかの志望校にも『いい学校』って言ってもらえてホントにありがたかったんだよ。

高校進学どころか、中学になるのを見ることもできないと思うとね、私、何が母としてできるかなって考えたら、安心してあの子を預けられる学校を探してあげることくらいかなって思っちゃって、りんこのお墨付きが欲しかった。

でも、こうやって無事に入学させてもらえて、制服姿も見られたし、ここまで生かしてくれた神様に感謝してる。

あの子はこれからいろんなことに躓《つまづ》いて悩んで傷付いていくんだろうなって思ったら、あの学校なら娘をあったかく包んでくれるような気がしたんだ。母がいなくても、母校がいつでもあるよって感じ？　でも自信がなくて、だから保証が欲しかったの。利用してごめん」

「りんこ、泣いてんの？　相変わらず涙もろいね。私は大丈夫だから。

今？　今、焼きそば作ってるの、と言っても作ってるのは娘だけどね、私は横から指示を飛ばす係。

お父さん、何にもできない人だから、せめて昼ごはんくらいは娘が自力で作れるようにならないとね。なんかすごい焼きそばが出てきそうで笑える」

千秋が楽しそうにクククと笑った。

それが本当に私たちの最後の会話になってしまった。

「お子さんを私立の中高一貫校に行かせて良かったですか？」

千秋なら「良かったよ～」って笑うかな。

私は本当はどうだったんだろう？　そんなことを考えながら、今、この『偏差値30からの中学受験』の最終章を書いている。

提出物の雪だるま

私立中学は課題が多い。これはもうどこに行こうがそうであって、毎日毎日飽きもせずよくこれだけ出してくるね？　って感心するほど提出物というものに追われる羽目になる。

ひとつ出さないと、それは翌日にはふたつになり、翌々日には三つになる。ひどい（？）学校になるとせっかく出しているにもかかわらず、不出来と認められたものには再提出を義務付けるので、再提出と未提出の課題を同時に背負う〝多重債務者〟に転落するのだ。

レポート提出の日は地獄である。今回分提出、前回分再提出、前々回分再々提出、前々々回分再々々提出、前々々々回分再々々々提出…。まさにエンドレスレポート。多重債務者は雪だるま式に膨《ふく》れ上がる借金の山になす術《すべ》もない。

私立に入るに当たってなぜこの〝からくり〟を知らなかったのだろう？　と今更ながらに後悔しているのがほかならぬ私である。

息子の小学校時代は6年を通し長期休みを除き、宿題というものが出たという記憶がない。その長期休みの宿題も絵を一枚提出するとか、ペラペラのドリルを出すといったもので、それも義務とはほど遠いものであった。「ゆとりちゃん」の弊害かなんだかはようわからんが、結果として親子して「宿題」という存在そのものを知らなかったに等しい。

息子が高学年のときに隣のクラスの宿題が、「語」という字を50個書いてくるというものだと教えてもらい、その子のノートを見たら「口」の部分が全部「〇」になっていた。面倒くさかったので最初に下に〇を二つ書いて、それを50個完成させてから、次に左の4本の棒を50個完成、最後に五を書いてという具合に仕上げたために、まるでユニークな図形のように見えたが、驚いたことにはその字の横に担任の検印がきちんと押印されていた。しかも書いたその子はトップレベルの中学に入学したので、簡単に言えば気合いが入らない宿題だったということだろう。

受験態勢に入っている親からみると、こういう宿題は邪魔以外の何ものでもなく、幸い「宿題を出してくれ」と願い出る親も皆無だったので、そのままスルー。私などは、よその小学校の児童が塾と学校の宿題の狭間で苦しんでいるらしいと聞くだけで、

「家は宿題がない小学校で良かったぁ！」

と手放しで喜んでいたのだ。近い将来天罰が下るとも知らないで。

塾は塾で「できるヤツは課題をドンドンこなす」というところだったので「できないヤツ」への締め付けはなく「宿題＝提出すべきもの」という頭がスッポリ抜けてしまった。

どうしてこれに気が付かなんだか自分！　である。私は12年間母をやってきて、子どもに「課題というものは死んでも提出するものだ」ということを教えないまま中学に放り込んだのである。

私立に息子を突っ込んで呆《ほう》けていたのは私である。ものすごい開放感だった。この1年は遊び倒してやる！　とまで思っていた。グズグズしていたら、すぐに娘の受験が始まってしまうからだ。またあの生活が始まるのかと思うと、それまでは何も考えずに遊んでいたいと思っていたからで、はっきり言ってしまえば息子は「一丁あがり」の気分だったのだ。

ここに長子を育てるトラップがある。経験がないから手探りで進むしかないのであるが、経験のなさが裏目に出て「ここまでお膳立てしてやったんだから、あとは子どもの力で勝手におやり～」と思い込んでしまったのである。

「お膳立てしてやった」という自覚があったのに、言い換えれば子どもが自分の力で入試を突破したわけではないという意識があったのに、梯子《はしご》をいきなりはずしたに等しい。そもそも家の子が自力でやれるはずがなかったのだ。

中学生の子育てはものすごく難しい。だからこその中学受験でもあったはずなのだ。親の「思春期除《よ》け」みたいなもので、微妙な時期の高校受験を避けたいという思いが確かにあった。「受験」がなくなったから万事OKなわけなどあるはずないのに、「私立」に行きさえすれば、親からすれば面倒くさい「思春期問題」もオールクリアになると勘違いしたのだ。

わかっていたはずなのに、目で耳で「これからが本当に子育ては難しい」ということを情報としてインプットしていたはずなのに、実際に脳天をかちわられるまではまったく理解できていなかった。

息子が中1の秋ごろ、確か懇談会の席だったと思うが、先生との立ち話で私はこう口走った。

「先生、家の子は宿題はまったく出ないと言うんですが、家で何もやらないので、できれば出していただけると少しはやるんじゃないかと思うのですが、いかがでしょう？」

担任の先生は極めて言いにくそうにこうおっしゃった。

「あの～？　宿題は毎日お出ししておりますが？　そう言えば、たこ太君の課題提出はされていませんね…」

これが、息子の中学における「脳天チョップ第1号」である。

それからは毎日のように「宿題ないの？」チェックが始まった。息子の答えは決まっていて「ない」か「もうやった」であった。コイツの言葉は鵜呑みにしちゃいかんのだ！　と思ってはいても、先生さまに問い合わせる勇気は最早《もはや》ない。ここいらが私立トラップなのだが、同じ学区から通っているわけではないので、近所に仲良しママも住んでいない。

しかもこの段階で同じクラスに親しいママなどもいるはずもなく、正しい情報どころか、学校のお知らせすらもわかっていないのではないだろうか？　と不安がよぎる。

不安はよぎったが、二期制ということもあり、当時中1には学年順位発表もなかったため、成績表というものを目にする機会も少なかったせいか、私は結果としてこんな重大なことを放置してしまったのである。

私立の成績の多くは定期考査の結果と普段の行い（まあ大部分の学校では提出物の有無がこれに当たるのであるが）である平常点というもので構成される。提出物を出せば平常点も上がるし、出さなければさっぴかれるだけという極めて公正なルールである。定期考査の点数から平常点を単純に引いていく学校もあるので、忘れ物でマイナス10点、宿題未提出でマイナス10点となっていくと「ただでさえ赤点なのに点数がなくなった！」と絶叫した母もいるので、平常点侮《あなど》り難《がた》しなのである。

そんなわけで、これは「ヤバイかも⁉」という意識があったものの、当時はお気楽にも何の根拠もなく、平均あたりにいるんだろうと、本当に何の根拠もなかったのではあるが、そう信じていた。

「ヤバイかも⁉」ではなく「ヤバイ！」と確信しだしたのは中2あたりからである。

面談の席上、先生さまがこうおっしゃった。

「お母さん、この表、何かおわかりになりますか？」

息子の名前の横に×印がバーッと並んでいた。

「さあ？」と能天気に首をかしげる私に、先生さまは怒りを隠さずこうおっしゃった。

「提出物を出してないって意味です！！！」

案の定、平常点はドエライことになっていた。さあ、困った。

ここいらへんから私は完全に道を誤ってしまう。今流行りのモンスター母に変身したのである。先生さまに私は言った。

「大変申し訳ねーこってすが、宿題があるかどうかもアイツはわかっちゃおりませんので、ここはひとつ黒板か何かに〝今日の宿題〟として書いておいてはくれませぬかのぉ?」

先生さまはさすがに抜かりなくニッコリとこうおっしゃった。

「書いてます」

私はさらにモンスター母の実力を発揮する。

「それではエライ済まんこってすが、家の子に帰りのホームルームでその板書をメモってくるようにご指導していただけませぬかのぉ?」

驚いたことにモンスター母の要望を先生さまは即座に受け入れてくださった。早速、メモ帳とやらを買い求め息子に手渡す。キックキックキック言い含めた。

しばし経ち、何かの用事で学校に出かけた。運悪く? 先生さまに遭遇する。

「先生さま、家の子は宿題出してるだか?」

…出していなかった。

頭に血が上ったモンスター母はこともあろうに先生さまに怒りをぶつけてしまった。

「話が違うべ! メモ帳に書かせるって言ってくれたじゃねっか!」

先生さまは困惑の表情を浮かべながら、こうおっしゃったのだ。

「ご子息はメモ帳自体を学校に持ってきておられませんが…?」

あまりの事実に血管が切れそうになった。

その後も宿題をせっかくやっても、提出自体を忘れるのか、遅れたから今さら出すのも面倒になるのか、結局未提出ということに変わりがなく、私の頭の中に「×だらけの表」がグルグルと回り出す。怒ってもダメ、言い聞かしてもダメ。なす術がないという状況下に陥ってしまった。モンスター母になった私はある日、先生さまにこう叫んだ。

「(これだけ忘れるってことは) 脳腫瘍かもしれません! 病院に連れて行きます」

先生さまが呆れてため息交じりにこうおっしゃったのを憶えている。

「お母さん、それは違うと思います。冷静に」

今、思い返しても相当恥ずかしい。

このとき たこ太は!?

中学受験が終わったら、楽ができると思ってたんですよ。だって、受かりさえすれば、6年間遊べると言われてたから、あーだまされたと思って(笑)。宿題も出そうとは思ってました。でも、家に帰るとやる気がなくなって、ほかのことに興味が移って、結局やらないみたいな。やれる宿題は学校でやるんですが、どう考えてもそれだけじゃ終わる量じゃなくて、それでだんだん面倒くさくなる。やり終える前に次の宿題が出るって感じだから。そうすると、やる気って失せちゃうんだよなあ。

悪霊の住む機械

あろうことか「脳の異常に違いない…」と脳ミソのせいにまでして現実から逃れようとした私だが、学校からドンドン追い詰められていくような錯覚を起こしていた。

脳の異常であるならば説明がつく。もしそうであるならば、提出物を出せないのは本人のせいではない。本人のせいでないのであれば母のせいではもっとない。しかし「異常なし」ならば、やはり私のせいではないか？

冷静に考えれば、母のせいなどという類《たぐい》の問題ではないはずなのに「母親の育て方が悪い」と誰かに揶揄《やゆ》されているかのようで気持ちが沈む。

そう、脳の異常はどちらかと言えば息子ではなく母である私だったのだ。

秋休み明けに学校からお電話をちょうだいしたことがあった。「提出物が出ていない」という電話だったように記憶する。私は脳ミソがすでに変であったため、先生に強気でこう言った。

「秋休み中の宿題はすでに提出させましたが、何か⁉」

先生も負けじと強気でこうおっしゃった。

「私の申し上げているのは秋ではなく、夏休みの提出物です！」

さらに脳ミソがパンクしてしまった私はこう言ってしまうたのだ。

「そんなことは私に言わずに息子に言ってください！！！」

先生はクールにこうおっしゃった。

「ご子息にはすでにもう何度もご注意申し上げております」

打撃が大きすぎて言葉にならなかった。

注意して注意して注意しても直らないからこそ、思い余って先生は自宅にまでこうして電話を入れてくださったのだろう。強気に出た我が身がいっそううらめしい。

「私立って面倒見が本当にいいわ〜♪」なんてことも、このころには微塵《みじん》も言えないほど打ちのめされる。

電話を切ったあと、猛烈に腹が立って情けなくて浴用タオルを壁に何度も打ち付けては大泣きした。

テストの点が悪いとかひと言も言ってないよ。

順位が下から数えたほうが早いなんてこともどうでもいいよ。

でも、せめてせめて課題を提出するくらいはできるだろう？

これだけ先生に迷惑をかけて嬉しいのか？

提出物は学校からの仕事の依頼だ。仕事は嫌でも何でも絶対にやり遂げないといけない、しかも期限までに100%仕上げなければならないことは当然じゃないか？

こんな簡単なこともやれないようじゃ、どこの社会に行っても受け入れてもらえないじゃないか？

それがなぜわからない？

薄い壁の向こう側には息子がいるはずだ。

泣き叫びながらタオルを壁に打ち付ける自分の姿と無反応な息子とを、上空からもう1人の自分が見ているような錯覚を起こした。

ワタシ　ワ　イジョウ　ダ

冷静になったあとは必ず後悔した。

こんなことやっているのは家だけかも？　こんなんじゃますます子どもをダメにしてしまう。何かないのか？　何かないのか、方法は？　特効薬がないものか？

そう思った私は特効薬を求めて彷徨《さまよ》いだした。救いを求めて友人に相談する。トップ校に家と同学年の息子を通わせている友人からは、

「アンタは自分から脳腫瘍って言ったんでしょ？　ならいいじゃん！　家なんか先生から『（授業中の）寝方が異常だから脳神経外科に行け！』って直接言われたんだよ！『お宅の息子さんは目が死んでいる』とまで言われてホントに泣いたよ。無反応ならまだマシじゃん？　家なんかスゴイ目で睨《にら》んで来るわよ。

担任からは『このまま高校に進んでも彼のためにならないのではないかと思います』とまで言われたし、どうしていいのか、ホントにもうわからない。りんこはまだマシ」と言われた。もう頼みの綱は「家も同じ」と言ってくれる友人知人だけで、それが本当に病的なものなのか、ただの思春期病なのかを判断しようもなく、母はただ悶々《もんもん》としていたように思う。

そんなある日のことだった。事件だった。

息子が学校に行かないのだ。

「とにかく学校というところには行くものだ」という頭でいるせいか、何となく仮病の雰囲気がある子に「休んでいいよ」とはとても言えないどころか、ブチ切れて無理やり車に押し込み、すごいスピードで飛ばした挙句に学校の前で息子を捨てた。

怖かった。一度「休めば?」と声をかけたら際限なくズルズルと楽なほう、楽なほうへ身を委《ゆだ》ねかねないという事態を警戒していたのだ。

何が原因なのかを知ろうと必死になったが、息子は貝のように口を閉ざして何も言わない。

このころ、息子はPCゲームにはまりにはまっていたため、多分、夜中も構わず隠れてやっていたのではないかと思われる。すべての原因はこのパソコンという名の悪霊から来ているのだという結論を導き出した私は「これさえなければ!」という思いと「いや待て。好きなものを突然取り上げられる身にもなれ」という思いと「学校ってパソコンで課題提出（注：当時）してるっけ?　じゃあ壊せないじゃん!」という思いで揺れていた。

ナンのカンのと言っても覚悟ができていなかったのだ。

何回も息子と悪霊を出す時間などの話し合いを持つが、まったくうまく機能せず、約束反古《ほご》の度に私はまたぶち切れるということを繰り返すような毎日だった。

「こんなことやってるから起きられないんじゃないの?」

「いい加減にしなさい!」

「ふざけんなっ!」

「誰のせいで先生からあんな情けないことで怒られないといけないのよっ!!」

「家はそんなヤツを私立に行かせるほど裕福じゃないんだよっ!」

息子はただただ黙って嵐が通り過ぎるのを待っているかのようだった。反応しないのは世界で一番ズルいと思った。

ダンナに相談するも「そんなヤツは社会のクズだ。ほっておけ」と吐き捨てるか「パソコンなんか捨てちまえ!」と怒鳴るかのどちらかで相談にもなりゃしない。そんな簡単な方法でいいなら苦労はしない! そのあと、どうすんだよ!? という思いで、こんな反応で切って捨てて逃げようとするダンナこそ世界で一番ズルいと思った。

ハハ　ワ　ニゲラレナイ。ニゲラレナイ　ドコマデモ。

産んだ者の責任なのか、母が逃げてはこの子はおしまいという思いと、でもだからと言ってどうしていいのかわからないという思いで日々揺れる。

悪霊が住み着く機械はそんなに魅力的なのか、暇さえあればやっている。咎《とが》められれば違う画面にすぐさま切り替えて、勉強している振りをする。しまいにはパソコンの履歴をチェックするのも嫌になった。チェックするまでもなく、どうせ夢中でやっているのは明白だ。長時間、自宅を空けるときにはモデムをパソコンから引き抜いて接続できないようにもした。しかし、こんなことをしなくてはならない自分が情けない。

子どもの言い分をまったく信じてあげることができない、こんな気持ちが心底悲しかった。

ああ、こんなことさせるために私立にやったんじゃないんだよ。やっぱり受験がいけなかったのかな？ 何がこうさせちゃったんだろう？　何がいけなかったんだろう？

もうあらゆる人に相談した。

「いーじゃないですか、飽きるまでやらせなさい。途中で止めるのはいけません。あなたも腹をくくって、やってやってやり疲れるまでやらせればいいんです」

たいていの分別ある大人たちがこんな風なアドバイスをしてくれたが、この人たちが中学生のころにパソコンなどがあるわけもなく、人類誰もそのビフォーアフターはわかっていないんだと思うと、素直に胆を据えて見守ることなど到底できず、どうすれば悪霊から卒業してくれるのかで頭を悩ませていた。

「敵は悪霊にあり！」

そう思い込んだ私はますます迷路にはまって行く。脳ミソがパンクしていると、とてつもないことをしでかす。ついに私は息子を座らせて命令した。

「退学届けを書きなさい！」

「今度、提出物を出さなかったら退学します」との日付け、署名入りで書かせたのだ。

泣きながら書いた息子が不憫《ふびん》で、でも母の気持ちをわかってくれ、このままじゃ君はダメ人間になっちゃうよ、頼む奮起してくれとの思いで一杯だった。

中2から本格的に訪れるとよく耳にする反抗期。「いよいよ来たわね」なんて余裕はどこにもなく、息子の姿を目にするたびに気分は滅入っていく一方だった。

このとき たこ太は！？

パソコンってあると意外と便利なものってぐらいの感覚ですね。客観的にみたら、多分相当やってるふうに見えると思うんですが、ひと晩中なんてできないし、それは偏見です。まあ、夜中は口うるさい人がいないんで。確かにゲームはやってましたけど、そればっかりでもなかったし。ゲームを始めたきっかけは友だちですね。単純に友だちに負けたくないっていうか、僕の記録はモンスターハンターの攻略に455時間です。700時間超えた友だちもいるけれど、いかに効率よくやるかのほうが、大事なんですよ。

学校へ行けなくなった日

学校に行き渋る日が多くなって来た。

また徹夜でネットゲームに明け暮れていたに違いない、だから起きられないんだと朝から真っ暗な気持ちになる。しかし、ここで休ませてはいかん、このままゲームオタクになり、引きこもりになってしまいかねない！

ものすごい形相で家から追い出す。

そんなことを何回か繰り返していたが、ついに布団の中からまったく出てこない日が来てしまった。

どうやっても動かない。どこがどう違うということもないのだが、何となくいつもとは違うような気がした。

行こうとしても体が動かない、そんな感じに見えた。

「休ませよう」そう思った。

そのまましばらく寝かせていたが、どうも気になる。

「どうしたの？」と尋ねる。

布団の中で貝になっているヤツから返事などあるはずもない。諦めて部屋から出ようとした瞬間、鼻をすする音を聞いた。

泣いてる？

「学校で何かあったな」そう思った。

嫌な予感が走る。

彼は男の子としては幼いころからおとなしいほうで、人ともめるのが嫌いな平和主義者であった。どちらかと言えば、ものの取り合いになったらそっと譲ってしまうようなところがあり、その優しさが母としては嬉しくもあり、またやるせなくもあった。

「俺が俺が」というのか「言ったもん勝ち」とでもいうような今の社会の流れには、完璧《かんぺき》に背《そむ》いているように思え、それゆえ強気で出てくる子たちの影で大損こいているような気がしていたのだ。

聞き出すのは案の定苦労した。中学生が簡単に親に対して不都合な事実を申告するわけがない。誘導尋問をしかけたり、なだめたりしながら、なぜ泣いているのかを探った。

その結果、どうも特定のクラスメートとうまくいっていないということがおぼろげながら見えて来た。

ああ、嫌な予感、的中だ。

このクラスメートは因縁（？）の仲なので、同じクラスになったと聞いた瞬間から気は重かったのだ。

いくらモンスター母を自認する私であってもクラス編成にケチをつけることはできない。最近は小学校のケースであるが、クラス編成に猛クレームをつける親が急増しているらしく、5月に改めてクラス替えを行なった事例を三例も知っている。やむにやまれずの抗議だとは思うのだが、中学生にもなって、しかも私立で、こういう抗議を学校さまにやる勇気はいくら私でも持ち合わせてはいなかった。

悩むくらいならばクラス編成前に事前に願い出るべきだったのだ。

その代わり新年度の担任の先生にはさり気なく気にかけて欲しい旨は伝えた。

「私立だから安心」というなんの根拠もない理由で、一応伝えたんだという理由で、子どもたちもいつまでも子どもではないという訳のわからない理由で、自分を納得させ安心しきっていたのだ。甘かった。

まさか学校に行けなくなってしまうほど気持ちが落ちてしまうなんて…。

このままにはしておけない。迷ったが学校に連絡を入れた。もちろん子どもの意見なんて一切聞いていない。

聞けば否定するだろう。一番やって欲しくなかったことなのかもしれない。でも黙って家でじっとはしていられなかった。

先生はこの話に驚かれたようだったが、そういえば遠足の班編成が同じグループになったあたりから、彼は元気がなかったようだというようなことをおっしゃった。

その話が初耳だった私は、非常に腹立たしくなり、先生に対し怒りのまま、こう言った。

「だから言ってあったべ！　それをなんでわざわざ同じ班にさせるだ!!」

知らないならともかく、知っていながらのぞんざいな振る舞い！　許せん！

先生は申し訳なさそうにこう言われた。

「私も気にはなったので彼に聞いたんです。『(一緒だけど）大丈夫？』と。そうしたら彼が『大丈夫です』と答えたので、それを信じてしまったんですが…」

めまいがした。

三歳児でも日本人なら「大丈夫？」と問いかければ「大丈夫」と答えるのだ。

それは「たらちねの」なら「母」であるし「あおによし」なら「鹿男」（←これは不正解）、決まり文句なのだ。それを言われたまま馬鹿正直にも鵜呑みにする大人がいるのか⁉　という事実が衝撃だった。

もう何という暴言を吐いたのかも文言は忘れてしまったが、相当強い言葉で先生に向かって意見したような覚えがある。

先生は黙って聞いていらした。

ここに教師と保護者のボタンの掛け違いがあるのだという事実を当時はまったく知らなかったのだ。

あまりに私は無知すぎた。

最近ある中学のベテランの先生と取材でお話させていただく機会があったのだが、その席上、先生は驚くべきことをおっしゃった。

「学校はね、結構保護者を冷ややかな目で見ているもんです。子どもの問題で、例えばそれがイジメであっても、親が出てきてギャーギャー叫べば叫ぶほど冷ややかな目になります。そこには『子ども自身の力で解決するしかない』って思いがあるからです。教師はあくまでサポートするだけで、友だち関係が嫌なら嫌って自分で態度で示さないとダメだってスタンスなんです。

よくハブられている子どもにそれとなく『大丈夫?』って聞くんですが、子どもはたいてい教師に『大丈夫』って言います。親としては『大丈夫』と言わざるを得ない子どもの裏をつかんで欲しいってところでしょうが、そこまではやりません。教師はこう考えます。本人が『大丈夫』と言っている以上、本人の中では解決できていると捉えるんです。

『冷たい?』いや、そんなことはないでしょう。人間関係の解決は当事者同士で解決するしかないんですよ。大人の誰かに解決してもらうってことは、イジメであれば加害者はこう考えます。『他人の力を借りて罰を与えて来た』と。要はチクッたということになり解決には遠くなります。

『じゃあイジメられるほうはどうすればいいのか』ですか?

親や教師が解決しようと思わないことです。本当の解決はお互い同士の納得しかない。教師は親に連絡を密に入れながら、当人同士が話し合いをして納得できるまで辛抱強くサポートするだけです。子どもには誰しもそういう力があるんだと思います。要はそれをサポートできる力量の教師がいるかどうかの問題だけです。

親御さんにお願いしたいのは、いきなり学校にケンカ越しで来ないでくれってことです。感情的になると話が混乱して何が問題なのかがわからなくなるからです。

最終的に子どもが納得しないとダメなんです。子どもが自立していくのを、教師と親が手を組んで援助していくというスタンスが、子どものためには一番いいと考えます」

目から鱗《うろこ》だった。私はとんでもない勘違いをしていたのだ。

親は子ども可愛さのあまり、我が子を第一に考える。しかし当然ながら教師にとってはどの子も同じように可愛い教え子であり、救うべきは被害者であり、また同時に加害者も救われなければならないのだ。〝全員に平等に接する〟という態度は教師としてふさわしい、あるべき姿だ。しかし被害者サイドから見ればとんでもないことだ。そもそも被害者、加害者が対等ではないからこういうことが発生しているのに、教師サイドから見ればあくまで〝平等〟なのである。

つまり、母が子どもの気持ちを汲んで、何もかも至れり尽くせりされて子どもが育つ、あるいは「嫌」ということも言えないような指示待ちで子どもが育つと、学校では〝落とし穴〟にはまると、そういうことだ。

ああ、まるで私じゃないか?

私は教師サイドから見ると、あってはならない育て方をし、そのうえ、してはならないトンチンカンなクレームを担任の先生に直接したことになるのだ。

教師と親との間にはこんなにも大きな河があるという事実を知らなかった。体感温度が違う。それを知ってさえいれば、もう少しお利口な振る舞いをしたものを…。

オーマイガッド! 完全にボタンを掛け違えた。

しかし当時、頭に血が上った私には「なんで？　なんで？　気が付いてたのになんで？」という思いしかなく、それは多分に自分自身への責めなのであったのだが、その悔しさを、同じように気が付いていながら問題にしなかった担任への怒りにすり替えて苛立ちをぶつけたにすぎない。

それほどまでに、私は私立という〝神話〟を信じていた。

このとき たこ太は！？

いじめがあったのは確かなんですけど、本当のところは単純に学校に行きたくなかっただけなんです。やっぱり朝起きるとき、だるかったし、のんびりしたかったし。行くのがいやだっていうより、今日はやめとこ、ぐらいの感じでしたよ。でも休むとなると、親から理由の追及があるんで、その追及をどう交わすかに知恵を絞って。腹が痛いというのは、もう中２で使っちゃったし（笑）。出席日数も大丈夫だったし、ある意味、休むのが習慣になってたって感じですかね。まあ、親にはまたかと言われましたが。

缶コーヒー

学校の反応は早かった。

夜、玄関チャイムが鳴るので出ると、担任の先生が立っておられる。驚いた。

「もし可能でしたら、彼と二人だけで話をさせてもらえませんか？」

と先生が言われた。

30分くらいだろうか、先生が息子の部屋から出てこられ「世間話をしていた」とおっしゃった。そんな様子から先生にも何も話せないでいるんだなぁと感じた。

部屋から出てくる直前にドアを開けながら「明日から朝、先生が迎えに来ようか？」というようなことを息子に問いかけている先生の声が聞こえた。

人間関係のトラブルはどこの社会にいてもある。どんな小さな集団だろうと揉《も》めごとのないところはないし、若いから年寄りだから、あるいは男だから女だからという区別もなく、人が集まるところさざ波は立つ。学校はそういう人間同士のトラブルと、いかにうまく折り合っていくのかを訓練する場所だという意見もあるが、それは今まで運良くターゲットにならずに、平和にやり過ごすことのできた傍観者の意見だと思う。

同じ波でも安全地帯では凪《なぎ》なのかもしれないが、直接波をかぶった者には高波なのだ。私自身もこれだけ生きているからして、高波の容赦《ようしゃ》ない被害はよくわかる。そこにソイツがいるというだけで、その場所に近づくこと自体が恐怖であるし、生活エネルギーをすべて吸い取られた抜け殻のような、まさに鬱々《うつうつ》とした気分になる。

それが大人であれば自力解決もつく。早い話、仕事なら辞めるという選択肢があり、近所なら引っ越しという手段があり、親族間なら絶縁という荒業がある。究極的な選択であろうが、生きるか死ぬかの一大事、四の五の言っていられない状態なのだ。元々やられたほうは丸腰も同然、はなから武器を持っていないのだから戦うこともできない。とすれば〝逃げるが勝ち〟なのである。

しかし、哀しいかな、子どもにはその選択肢すらない。子どもは逃げるという選択肢さえも持ち合わせていないのだ。

わかっていたのに、そんなトラブルがあったら生きる気力もなくなるとわかっていたのに、わかっていたのは未提出の宿題の量と成績不振という、目に点数として映るものだけだった。

馬鹿だ、私は。

生身の息子を見ているつもりで、何も見えていないなんて。

私は息子に「先生を駅までお送りして」と追い出した。

家の中の空気は母がいるから澱《よど》んでいる。外の空気を吸いながら先生と二人だけで話をして欲しかった。事情が何もわからないまま、時計は日付を変えた。

ほどなくして学校側からクラス全員の個人面談を実施して実態調査に乗り出すとの連絡が入った。「イジメ」なのか単なる「悪ふざけ」なのか、それを見極めたいとのことだった。

中学生は難しい。自分があって相手があって周りにも人がいて、自分に主張があるように人にも主張があって、自分の意見ばかりがいつもいつも通るわけではないという社会通念が実感として段々にわかる年齢になるのであろうが、そこには押しが強い子も弱い子もいて、要領のいい子、間が悪い子、それこそいろんなタイプの子どもがいて、それぞれに適度な距離感を保ちながらクラスを形成する。何かでストレスを抱えている子がいるとそのはけ口に選ばれるのが、抵抗しなさそうな子なのだ。

選ばれてもギャーギャー泣き叫ぶなどして騒げばよさそうなものなのだが、そういう子は選ばれない。黙って耐えてしまうような、泣かずにじっと下を向いてしまうような子がターゲットになりやすい。

それってまさに家の子やん⁉

しばし経ち学校から連絡をもらい事情説明を受けた。

言葉の暴力があったこと、聞くに堪えない言葉の数々であったこと、それがエスカレートしてきて男子特有の暴力的行為が認められたこと、大変遺憾《いかん》であるとのこと、結果として見逃したことを詫《わ》びたい、今後は厳しく指導対処することなどの説明を受けた。

淡々と説明は続けられたが、呆然としている私の耳にその声は遠くで啼《な》いているかのようで、まるで実感はなかった。

帰りに学校近くの波打ち際を歩く。ウインドサーファーたちが帰り支度を始めている。海風がまとわりつくようで、陽射しが眩《まぶ》し過ぎて目を開けていられない。子どもでもない、大人でもないというどっちつかずの季節を過ごすこの年代の危うさを、もっと深刻に考えるべきだった。

「ゲームのやりすぎではなかったのか…」

ゲームをし続ける現象よりも、なぜゲームをのめりこんでやっているのかという理由を考えるべきだったんだ。

なんてことを…。今まで私はなんてことをしてきたんだろう?

「提出物を出せ」だの、挙句《あげく》の果てには「退学届けを書け」だの、何を言っていたんだろう?

この子は家では罵倒《ばとう》され、学校では居場所を失くし、なんと辛い毎日を送っていたものか。

辛い毎日を送らせていた、その張本人は私じゃないか!

砂浜が蟻《あり》地獄のように足に絡みつき、徐々に体を沈めていくようだった。

しかしその思いとは裏腹に事情説明をされたらされたで腹が立つ。自分が見逃していたことは棚に上げて、猛烈に腹が立つ。

「気が付いておきながら先生はほったらかしにしたどころか、それを増長させた!」

40人以上いるクラスで、しかもホームルーム以外では担任との接点はなくなるのが中学校だという認識はまったくなくなり、すべてを先生のせいにしてしまいたかったのか、いや自分自身の罪から逃れたかったのか、あろうことか私は先生を責めた。

先生が押し黙るので、余計に怒りの気持ちがこみ上げる。

「先生は子どもがこんなに辛い思いをしているときに提出物が出ないと責めたんですよね？」

わかっていた。先生は当然の職務をしただけで責められる所以《ゆえん》はないのだということを。でも何かに誰かにすがりたかったんだ。子どもに良い環境をと思って選んだ私立の中高一貫校に裏切られたと思った気持ちは救いがないほど自分を切り刻んでしまった。

当然、主犯格である子にも怒りが湧《わ》く。その子にも湧くがその親にはもっと恨みがましい気持ちになった。

「謝りに来い」と言ったのは私だ。すぐに車を飛ばして先方のお母さんがお子さんと一緒に来られた。「来い」とは言ったものの、いざ来られるとどうしていいのかわからない。

お母さんは泣いていらした。

「泣きたいのはこっちだよ」と思うと素直になれない。そのまま夜のコンビニの駐車場で母二人で立ち話になった。

冬が近づくと爪《つめ》が割れる。裂けた箇所を片方の爪で押し上げていると、そのまま爪がボキッと折れてしまった。深爪のようで痛かった。

幼いころからどちらかと言えばヤンチャで周りに煽《あお》られやすい子で、とくにおとなしい女の子の親からのクレームは多かったと彼女が自身の子どもを語る。強い系の男子母は「男の子なんだから多少の腕白《わんぱく》はね～♪」と悪いなんて微塵も考えていないのだと私は思っていた。

「今までも何度も謝って歩いて、それが嫌で、どうしてこんなかなぁと思って、いっそこの子なんかいなくなっちゃえばいいと思ったことも正直ある。でも、私が捨ててどうするって思って、それでもしかして『良い環境』に入れたら、周りの子たちの影響力でこの子も大人になるんじゃないかと思って、それで受験させたの」

驚いた。私は消極的すぎる子を「良い環境」に入れようと躍起《やっき》になって、また彼女も積極的すぎる子を「良い環境」に入れようと躍起になったのか…。

会ったら責めて責めて責めまくってやる！　と思っていたのに。

何度も何度も詫びる彼女の肩が震えている。母は同じ気持ちなんだなぁと不思議な気持ちになった。

あまりの寒さに缶コーヒーを買って二人で飲む。缶コーヒーを手渡すときに差し出された彼女の手先がアカギレで痛々しかった。

「負けたなぁ…」

母の哀しみの度合いが割れた爪よりもアカギレのほうが深い気がしたんだ。

「母って辛いよね…」と私が言う。

彼女が泣き笑いのような顔をして私を見た。

午前二時を回っていた。

ラーメンを一杯

たとえいじめたヤツに謝ってもらおうが、学校から陳謝されようが、すっかり卑屈になってしまった気持ちは簡単には元には戻らない。

「一度ついたシミは消せねーんだよっ！　オマエらにアタシの悲しみがわかってたまるか、ふん！」

だったのである。

「アタシはすっごく素直ないい子だったのに、すっかり性格がねじ曲がっちまったじゃねーか！　責任取りやがれ！　それだけじゃねー！　家の、ホントはできが良いはずのお坊ちゃまがすっかりやる気を失って、こんなテータラクになっちまって、どーしてくれるんねん⁉」

息子の気持ちを置き去りにして、我を忘れ、ひたすらイノシシと化して行動してしまったが、もう手の打ちようがない。

学校にも言った。相手にも言った。もうしないと言われ、もうさせないと言われ、ごめんと言われ、クラスでも話し合いがもたれ、やるべきことは全部やったのだ。

これ以上は誰に何も要求できない。できないのに、我が子のこころには傷が残ってしまったと考えるだけで気が狂いそうだった。

この傷は一体どうなってしまうのだろう？　と思うだけでもうダメだった。

これは被害者だけが負う後遺症なのだ。交通事故と同じで示談が成立したら被害者がいくら痛みを訴えても、周りにとっては過去の出来事なんだ…。

もういい加減なところで手打ちにしないといけない。いつまでもここにこだわっていてはいけない。それはわかるんだ。わかっているんだ。

過去を忘れ未来に向かって行かなくちゃ！　ということはわかる。わかるんだが、そこに気持ちを向けようと思えば思うほど、許せない！　という気持ちがムクムクと頭をもたげる。

なんでアタシはこんなにちっちぇーんだよ…。

置き去りにされた当の本人である息子はどうなのかと言えば、これがさっぱりわからなかった。学校には淡々という言葉がぴったりと来るほどに、楽しそうでもなく、そうかと言って苦しそうでもなく、淡々と行っているように思える。

気持ちを聞き出そうにも、ただでさえ母との会話に口数が少なくなる年ごろにプラスして、元々ボキャブラリーが少ない。

おそるおそる「今日はどうだった？　いじめてくる変なヤツはいなかった？」などと聞いてみても返

事はたいてい「いや」だったり、ちょっと長くても「いや、別に」で本音がまったくもってわからずに余計に母は混乱する。

「ああ、この子はもしかしてホントは辛い目に合っているにもかかわらず、母には心配かけまいとじっと耐えているのではないのか?」とか「ああ、この子はもしかしてホントはひどい目に合っているにもかかわらず、母に言えばまた大騒ぎをすると思って何も言い出せないのではないか?」とか、気を揉むばかりで心がまったく晴れていかない。

思いあぐねて担任の先生にお願いした。お願いというよりも要求に近い。

「あまりに学校での様子がわからないので先生から報告を母宛てに毎日してもらえないか?」

と。

今考えると、なんと先生には重荷になることを要求し、受け取る母にしても、その報告に一喜一憂しかできないのであれば何のメリットもないことなのに、当時はただただ我が子が心配という気持ちだけで押し通してしまった。

先生は責める母に毎日電話をかけるという作業をしてくださった。さぞや気が重い作業であったことだろう。

「今日は体育があって様子を見ておりましたら、笑顔も見え云々…」

「本日は昼休みにペットボトルキャップを使ったサッカーを皆でやっておりました。場所が廊下なので叱りましたが云々…」

10日くらい経ったときだろうか、もう十分だなぁと思った。先生は本当に誠実に約束を履行《りこう》してくださった。もうやめよう、先生を苦しめているだけだとそう思った。

先生との最後の電話の内容を憶えている。

「先生？　あの日、家に来ていただいた日がありますよね？　憶えていらっしゃいますか？　息子がこないだ駅までの道すがらにポツリと言うんですよね。『この食べもの屋、先生の昔の行きつけの店だったんだって。懐かしがってた』って」

先生がおっしゃる。

「ああ、そういう話をしましたね。『今度一緒に行こうか？』って誘ったんですが、彼は困ったような顔をしていました（笑）」

そうだったんだ。先生の話を息子はちゃんと聞いていたんだな、ありがたいな、とそう思った。

「もう報告の電話は今日で結構です」という話をさせていただいたあとに、先生は確かこう言われたと思う。

「お母さん、実は俺…教師を辞めようと思ったことがあります、今だから言えますが。クラスをちゃんと見ていたつもりだったのに何を見ていたんだろうと思ったら、こんな俺が教師続けてたら、彼らに申し訳ないって言うか…。

でも、クラスに行くと彼らがすごく気を遣ってくれるのがわかって、ホントは俺が気を遣うべきなのに、あいつらのほうが気を遣ってくれて『先生、頑張れよ』って言ってくれたりするんですよ、情けない話ですが…。

俺ってホントにダメだよなぁって思いました。

俺が後ろ向きな気持ちでいるときにフト見たら、たこ太が見えて…。アイツのが全然辛いよなって思いました。絶対辛いはずなのに、あの日から休まないで毎日来てるじゃないですか。

コイツ、逃げないんだって思いました。一番辛いはずのヤツが逃げないで頑張ってるのに、俺が逃げてどうすんだ！　ってホント、そう思いました。

俺、なんか今度のことで、たこ太からもクラスからもたくさんいろんなことを教えてもらった気がするんです。俺、絶対、今回のことは無駄にしませんから…約束します」

ああ、こんなにも真面目であったかい先生なんだよな、申し訳ないのとありがたい気持ちで言葉に詰まる。

「お母さん、俺、ひとつ夢があります。たこ太、十年経ったら23（歳）ですよね？　大学を出て初任給を貰《もら》えるようになっているころですよね？

そのとき彼に、彼が働いた金で『先生、ラーメン食おう』ってラーメン奢《おご》ってもらうのが俺の今のひとつの目標です。

俺、たこ太が23か24か、自分で飯を食えるようになるまでは、教師続けます。

たこ太が自分で飯を食えるようになるまでは、俺は今回のことは終わりじゃないって思っているんです。

本当に終わりになるのは、安いんでいいんで『先生、俺が稼《かせ》いだ金でご馳走してやるよ』って言ってくれるときだなって思って。だから教師続けます。これだけお伝えしようと思って…」

普段はご自分のことを「私」と称される先生が「俺」と形容したことが新鮮だった。

ゆっくりとした先生の声だけが耳に響いてくる。

「十年…」

今すぐ解決して欲しい、それこそなかったかのごとく、魔法のようにすべての嫌な思いは消え去って欲しい、目の前で今すぐ消してと慌《あわ》てふためいていた私。なりふり構わず暴れることによって、まとわりついては体を突き刺す何かを振り払いたかった。

先生の言葉が嬉しかったのは紛れもない事実だが、同時にこの傷が癒《い》えるのには十年かかるのかという〝現実〟が顔を覗《のぞ》かせたような気がして唇を噛む。

簡単には振り払えないのか、今すぐではダメなのか。十年の間には、どのくらいのかさぶたができるんだろう。それは薄く、できては自ら剥《は》がすという作業を繰り返すのだろうか。十年経ったら、大きなかさぶたが剥がれて綺麗な肌が見えるのだろうか。

先生が十年のスパンを考えておいでなら私も長い目で見なければならない。いつの日か「あれがあったから、ここにいられるね」と笑い飛ばせるようにしないといけない。

今こそ「大人」として振る舞おうと、そうしなければならない、何よりもほかならぬ息子のために挙げた拳をここで下ろさなければいけないと決めたはずなのに…。
気持ちを断ち切ろうと「大人」の手で受話器を戻す。
洗面所で手を洗う。くすぶり続けるやり場のない思いは、洗っても洗っても流れて行ってはくれなかった。

このとき たこ太は！？

先生は、大変だなって思っていました。担任の先生が悪いわけじゃないのに、周りから責められたりするわけだから。僕は自分のことだけで、精一杯って感じだったし。親と先生とどちらが話しやすいか、ですか？　それは人によるかな。ただ、このときに先生が来てくれたのは、やっぱり嬉しかったですよ。小学生のときと、中学生のときでは、先生の質が全然違うから。私立に入ってよかったなとこのときに、思いました。この環境でよかったっていうか、それは感じました。

波打ち際を歩こう（前編）

自分の子ども時代と今の子どもたちのそれを比べるに違いはいろいろあれども、ものすごい違和感がひとつある。

それは「死」という単語の扱われ方である。

私のころは、この言葉を口にするのもはばかられた。もしひと度でも口にしたら、その次の瞬間、それは我が身を包み込むのではないかと畏《おそ》れるほどの圧倒的な恐怖感がある忌《い》まわしい単語であったように思う。

私が中学生か小学校の高学年だったころ、なぜそのようなことを口にしたのかは忘れてしまったが、父に向かってこう言いかけた。

「私がもし死んだら…」

平素、末っ子の私には大変甘い父であるが、そのときだけはものすごく怖い顔をして真剣に怒った。

一語一句までの記憶は定かではないが、それは「口にしてはならない言葉」であり、それをよりによって親に向かって言うとは何ごとかとの短いが記憶に残る説教だった。

今になって思えば父は子どもに先立たれるというとんでもない恐怖感を払拭《ふっしょく》すべく、それを怒りとして表したのかもしれない。

私たちの子ども時代は「言霊《ことだま》」に溢《あふ》れていた。人前で言ってはいけない言葉、決して口にしてはいけない言葉たちが確かに存在していたように思う。

夜は暗く怖かった。天井の木目にすら怯《おび》えていたのだ。じっと見つめていたら夜の闇に吸い込まれて行ってしまいそうだった。「死」というものは身近にあってはならぬもので、ただただ怖ろしかった。

いつのころなのか、夜は暗闇ではなくなり、木目の天井もなくなり、それに呼応するように子どもたちの言葉に禁句はなくなった。忌み慎む言葉どころかすべての単語が解禁になってしまったかのようだ。

その代表となってしまったかのような言葉が「死ね」である。しかもものすごく気軽に使われている。本当に心の底から恨みを込めて言っているわけではない。想像するに「目障《めざわ》りだから自分の視界に入ってくんじゃねー!」あるいは「（ここは空気までもが自分のテリであるから）領空侵犯すんじゃねー!」とのメッセージのように思う。

つまり単に気に入らないから、「どっか行って欲しい→目の前から消えて欲しい→死ね」という発想になるのだろう。

あるいは気に入らない、または逆に非常に気になる相手に対する致命傷をお気軽お手軽に与えることができる「上から目線」「オレさま」の言葉なのかもしれない。何の意味もなく加害者の単なる憂《う》さ晴らしのために口にするというケースも非常に多い。

言ったほうはお気楽であろうと、言われたほうのダメージは計り知れない。言われた子どもは「自分の死を願っている他人がいる」という事実にまず恐怖感を感じる。たいていの子どもがその恐怖を抱えながら、ただただじっと耐えるだけになる。助けを求めたくとも「自分の死を願う他人」の存在はやがて「自分は生きる価値もない人間」との烙印《らくいん》を執拗《しつよう》に押してくるように思い込む。誰かに話したりしたら、自分は他人から死を願われているほどの価値のない存在という事実を自ら認めてしまうことになりかねない。

辛うじて立っている自尊心がその瞬間、音をなして崩れてしまうから、だから言えない。

私たち親世代は他人から「死ね」と言われて育った経験がない者が多い。ゆえに親には余計に我が子が他人からのこの言葉で「手負いの小動物」になっているという現実がすぐには受け入れられないのである。受け入れられないどころか、ものすごいショックである。

「なぜ、家の子が?」

今なら言える。「家の子」が特別なのではない。だから、母は必要以上に傷付かないで欲しい。たまたま「死ね」という言葉かけを受けたのが「我が子」に過ぎないのだ。誰しもが簡単に被害者になり、また次の瞬間には簡単に加害者になってしまう時代なのだ。

私は百人ほどの中高生の母たちに「『死ね』という単語を我が子が浴びたことがあるか?」と尋ねたところ、5人に1人が過去実際に我が子が「死ね」と言われて悩んだことがあると答え、3人に1人がその言葉で致命傷のように傷付いてしまった級友を知っていると答えたのである。それほどポピュラーな状況下であることを知って欲しい。

一般の親は我が子が被害者になることも加害者になることも望まず、欲を言えば子ども時代くらいは「みんな仲良く」、叶わぬならばせめて我が子は火の粉が降ってこない安全な場所に居て欲しいと願っている。私立ならば「イジメ」はないだろう、万一あったとしても、面倒見は私立のほうが遥かに良いであろうとの仮説がまかり通っているため、そのせいもあって中学受験ブームが続いている。

しかし当然ながら私立であろうが公立であろうが、同じ現代を生きる子どもが通っているのだからして「イジメ」がないわけがない。私立にはないというのは幻想である。

私が「ない」と信じて行かせた場所で、それは「あった」。

担任が動き、学年主任が動き、学園が動きという形で既述したとおり、ひとまずの決着をみた。「あった」事実は消せないが、そこにいつまでも縛られていても時は容赦なく過ぎるのだ。落としどころをどこかに探さなければならない、そう思っていた。思ってはいたが、それとは裏腹に半年過ぎても心は晴れやかにはならなかった。

学校には行っている。だけど行っているだけ。相変わらず勉強をすることもなく、提出物を出すわけでもなく、泣きもしないが笑いもしないというような、我が子であって我が子でないような「ああ、男って（しゃべらないから、余計にわからず）めんどくさ」と思っていたのだ。助けたくても、これじゃ何考えてるのかわかりゃしないと思っていた。

「死ね」と言い続けられた子どもの痛みは一体いつになったら癒えるのだろう？　いつになったら、小学生のときのような満面の笑みを見せてくれるのだろう？

生活すべてにやる気がないと思えるのも、笑顔をここ最近見ていないと思うのも、いちいち辛かった。高校受験に必要な内申に縛られることなく「入れる学校」ではなく自らが選んだ「入りたい学校」で伸び伸びと健やかな6年間を送らせたかった。そのためには中学受験という金と時間が恐ろしくかかる泥舟に乗り込もうとも、そんなことは微細なことに思えた。

「入りたい学校」に到達しさえすれば、そこには豪華客船が待っているのだと疑わなかった。けれども今の状況はどうだ。伸び伸びどころか萎縮し、健やかどころかドえらく不健康、想像していた未来とはほぼ真逆な状態で目眩《めまい》がしてくる。

誰を恨めば私は助かるんだろう？　何に懺悔《ざんげ》すれば私は救われるのか？　どこからやり直せばいいんだろう？

こんなにドヨンドヨンしている家庭は自分の家だけのようにすら思えてくる。

こんなこと誰に言えようか？　会う人、会う人、ご丁寧にこう言って私を褒《ほ》め殺ししているような気がして辛かった。

「いいわね～、たこ太は志望校に受かったって言うし、もう順風満帆でしょ？」

「いい学校なんだってね？　羨ましいわ〜。きっとたこ太は思い切り青春してんでしょう？」

いくら正直に「違う！」と言っても「またまた！　ご謙遜《けんそん》を」と言われ軽くあしらわれてしまう。

リセット？

ああ、なんていい考えだ！　何もここに縛り付けられることはないんだ。

ここではないほかのどこかに未来を求めればそれでいいじゃないか。なかったことにしてリセットボタンを押すようにまた一から始めよう。

公立に行ってやり直す？　それともどこかの私立に編入させる？　公立に行くならば受験勉強は欠かせないだろう。私立の編入とひと口に言っても、帰国でもなければ他県からの転入でもない場合、受け入れ先はあるのだろうか。あまりに少ない情報にどうしていいのか混乱してしまう。

逃げる気？

フト、そんな考えが頭を過《よ》ぎる。

問題があったからと言って簡単に何もかも捨てて逃げるの？　そんな選択でいいの？

乗り越えることもしようとしないで、ただ嫌だからという理由で逃げるの？

そんなことばかりしていたら、これから先も逃げの一手という人生じゃないの？　いいの、それで？

「これしかないのだ」と信じた道が行き止まりと感じたショックは大きすぎて、何をどう整理して考えればいいのかもわからず、思考回路は完全に機能不全に陥っていた。

波打ち際を歩こう（後編）

鬱々としていたある日、母友とのランチ会に誘われた。久しぶりに会う〝元ヤン友の会〟である。〝元ヤン友の会〟というのは勝手に私が名付けている名称であるが、子どもが幼かったころの公園仲間である。

どういうわけか、その（私よりは遥かに）若いママ集団の仲間に入れてもらっていた時期があって、今でもたまにお誘いを受けホイホイと参加させてもらっている。

彼女たちはいつもアッケラカンと明るい。そのときもこう言っていた。

「どうよ、たこ太？　元気してる？」

「そうでもない…」とこれまでの経緯をかいつまんで話す。

元ヤンたちは驚いていたが、中学受験経験者で同時にトップレベル高校の中退経験者でもある元ヤンがこう言った。

「必死だな」

その言い方にカチンときた私はこう言った。

「どういう意味？」

元ヤンは煙草に火を点けながら、余裕の顔でこう言ったのだ。

「りんこはいつも必死だなって言ったんだよ。別に悪い意味じゃねって。で、行こうか戻ろうか悩んでいますってか？」

「まあ平たく言えばそうだけど、なんか勘に触る物言いじゃね？　必死で悪かったね」

もう心がささくれ立っているもんだから、何にでも突っ掛かっていく。

「必死は別に悪くねーべ？　親なんだから、アタシだっていつも必死だよ。だけどよ、決定的に違うとこがあんだよ、りんことアタシには。教えてやろうか？

おめ〜はいつも自分が主人公なんだよっ！　子どもの人生に乗り込んで来んなっつーの！

前から一回言ってやろうと思ってたけど、子どもの人生はな、子どものもんだ。親の見栄のためにあるんじゃないっての！　それがわかってるかどうかが決定的に違うってこと」

もう滅茶苦茶、腹が立った。

「誰が見栄でやってるって？　私はね、アンタと違ってちゃんと考えてるの！　だから迷うの！」

元ヤンはケンカ慣れしているのか簡単には激情しないらしい。普段の口調と変わらず、こう続ける。

「だから、おめ〜はもういろいろ考えんな！　こっちがダメならこっちかな？　とか大きなお世話だっつーの。

家の親がそうだったんだよ。りんこ見てると親思い出す。『こっちの道が幸せなのよ』って『だからあなたはこっちの道を努力して行くべきなのよ』ってね。そんな（親が選んだ）道に幸せは落ちてないって言いたいわけよ、アタシはね」

「そこまで言うなら言わしてもらうけど、じゃあアンタの家の教育方針が素晴らしいとでも？」

「そんなこと言ってねっべ。りんこから見たら家のは底辺高校にしか行けないだろーよ。ヤツ（息子）は勉強が好きじゃねー。好きだったら迷わずやらすと思う。でも好きじゃないもん、仕方ねっべ？

りんこが自分の子どもをどう育てようが自由だし口挟むことじゃねって思うけど、でもな、そこに『たこ太』がいないような気がする……。おめ～さ、たこ太が今、何が好きかとか知ってる？」

「だって何もしゃべろうとしないし…」

「それはよ、りんこ、しゃべろうとしないんじゃなくて、しゃべりたくてもそんな雰囲気にもなれないってことなんじゃね？　アタシはさ、親に『あんなヒデー学校はねー！』って言いたかった。でも聞く耳なんて最初からないし、そこに居られなくなる娘は娘じゃないっていうかね、そんなことを面と向かって言われるわけじゃないけど、顔に大きく書いてある。親の本音なんか子どもは簡単に見抜くよ。もう先に親は結論ありきだから、ドンドン（親に）話はしなくなった。

りんこ、辞めるにしても居るにしてもたこ太が決めなきゃ、どこ行っても同じことの繰り返しじゃね？『そこにしかない幸せ』ってのは、アタシに言わせりゃ大した幸せじゃないってこった」

もうコイツはいつも正論を言うから大嫌いだ。

私は『そこにしかない幸せ』を求めたんだろうか？

ある日、私は犬の散歩ついでに息子を誘ってみた。波打ち際を歩く息子の後ろを付いて行く。彼の付けた足跡をたどる。その足跡にスッポリとはまってしまう自分の足。

「デカ！　いつの間に？　しかも歩幅までデカ！」

なんか気が付かなかったけど、大きくなったんだなぁ、入学のころは母のほうが大きかったのにいつ抜かされたんだろう？

毎日会っているのに、私はなんで気が付かなかったんだろう？

この子が赤ちゃんのころは何でもわかってたつもりだったのにな。昨日は3歩歩けた、今日は7歩も歩けたって歩いた歩数までわかっていたのに、いつから私はわからなくなっちゃったのかな？

下ばっか見てたから息子が急に立ち止まったのにも気が付かなかった。

「何見てるの？」

息子は波間を指差しこう言った。

「ほら、あれ飛び魚」

時折、銀色の魚がキラキラと空を飛ぶ。早春の海に飛び魚がはねる。

「おれ　は　さ　だいじょうぶ　だから」

上から、ふいに単語が降ってきた。

俺はさ、大丈夫だから、とそう言った？

「えっ？　なんて言ったの？」

それには答えず、黙って息子は飛び魚が再び跳ねる瞬間を待つように波間を見つめる。

「たこ太、ＰＣ、好きじゃん？　どんなことやってるの？　やっぱゲーム？」

「ゲームもやるけど、今は曲作ってるほうがメインかな……」

びっくりした。

私は知識がなさ過ぎてパソコンで作曲できるということも驚きだったが、それよりも彼が作曲しているという事実に驚いたのだ。

毎日顔を見ていて食卓も一緒に囲み、少ないながらも会話をしている。けれでも友人である元ヤンが指摘したとおり、私は彼が何をやっていて、何が好きなのか、何に興味があるのかもまったく知らなかったのだ。

「聴きたい？　じゃあ」

と言いながら息子がｉ－ｐｏｄのイヤホンをよこす。イヤホン越しに流れてくる音は静かで何と言うか、綺麗なメロディだった。

「いい曲じゃん？　こういうことやってたんだ？　知らなかったよ……。綺麗な曲だね…」

その瞬間、波に足元をすくわれた。ジーンズの裾までビショビショだ。

「アンタ、鈍すぎ！」

とサッサと逃げおおせた息子が笑っている。

アンタ？　アンタって誰？　ええ――――？　母上さまをアンタってかっ⁉

「あのさ～、たこ太？　高校、このまま（上に）行きたい？　それとも（ほかに）移る？」

恐らく考えたこともなかったのだろう。

「（上に行くに）決まってるだろ？　なんで？」

「いや、学校好きじゃないのかなって思って…」

「俺、結構（今の学校）気に入ってますけど？」

はぁ～？　気に入ってるなら、気に入ってるらしく振る舞え‼　ったく、紛らわしいわ‼

「ヨシガス、行くぞ！」と息子が犬を呼んでいる。

「飼ってもゼッテー俺は面倒みない！」と言っていたヤツが結局一番可愛がっている。

つくづく貧乏くじなヤツ…。

犬も波をかぶる。それを見て息子がまた笑う。子どもが笑う。

もうそれだけで、それだけでいいって、それだけでいいってホントに思った。

ミニチュアだと思うから

息子が中2から中3になる春に犬を飼った。

「犬」さえ居れば何かが変わるのではないかとの淡い期待を寄せた。

親とは必要最低限の会話しか交わさずに、ただひたすらにパソコンに向かう息子を見るにつけ、どうしようもない虚脱感に襲われる。彼は学校にも行ったり行かなかったりを繰り返す。行かない日は本当に辛かった。私が辛かった。

この場に及んでも「息子が辛い」のではなく「私が辛い」と感じる自分が同時に辛かった。

「イジメ」は解決したから「行ける」ということではないんだな…と思うと、ただただ闇雲に怒鳴ることができたころのほうが遥かに楽だったような気もする。

今は「行け」という言葉も発することができず、余計に心がドンヨリとする。

パソコンを取り上げてしまうのは、簡単で手っ取り早いのかもしれない。でも、それからどうするのだ？

私から見れば、現実を拒否し、架空の世界に逃げ込んでいるとしか思えない。それは将来をも棒に振ってしまいそうな危険な遊びに見える。けれども、これだけ没頭するということは、もしかしたら何か理由があるのではないのか？

その理由がわからぬまま、ただ危険だから、ただ気に入らないからという大人側の都合で取り上げることが怖かった。

はっきり言ってしまえば、息子の精神の安定はかろうじて、このパソコンという機械によってのみ保たれているのではないか？

それを一方的に取り上げるリスクのほうが遥かに恐ろしく実行に移せない。

「イジメ」で親も教師も同年齢の子たちも信じられなくなったからなのか、虚無的でしかない彼との間の壁は高すぎて、どうしてもその本音がわからない。

もちろん夫婦間での諍《いさか》いも絶えない。

「学校に行かないなら辞めさせろ！　学費の無駄だ！」

「人間のクズだ！」

そう言うダンナの言い分はもっともだ。私もそう思う。

「ゲーム脳だ！　あんなもん壊しちまえ！」

と今すぐにでも息子の部屋の扉を叩き壊しそうな勢いのダンナ。

「私だってそれがやれたらやりたいよ！」

と泣きながら私は止める。

もう嫌なんだ。表面だけを見て、それが良くないという理由だけで「退学届け」まで書かせた母である私。彼が今、殻を被り続けているのは、そんな親への強烈な怒りなのかもしれない。力ずくでどうにかしてはいけないって、私たちは学んだじゃないか？

また、そこに堕《お》ちて行くのはどうしても怖くてできない。感情を隠してしまうことが唯一の武器のように思っているのか、いっそ感情をなくしてしまいたいと願っているのか、笑いもせず泣きもしない無表情の顔を見るのが怖かった。

出先から自宅にいるはずの息子に何度電話をしても出ないことがあった。もう最悪の事態が頭を過《よ》ぎる。すべてを放り出して自宅へ急いだ。走れるところはすべて走って息を切らし玄関ドアを開ける。そのまま息子の部屋のドアをすごい勢いで開けた。彼はヘッドホンをかけた横顔をこちらに向けて不思議そうに母を見た。

そのままヘナヘナと座り込んでしまう。

声にならない声で「よかった…」と肩で息をする。

「どうした？」と息子は言ったと思う。

「何でもない」と言って出て行った母を彼はどう思ったんだろう。

だから私は「犬」さえ居れば何かが変わるのではないかとの淡い期待を寄せた。彼が何を考えているのかもサッパリわからず、尋ねても答えは返って来ず、その距離を何とか縮めようとして、どうにかしたくて「犬」を飼った。

「犬」に、どうしても母の眼からは孤独に映ってしまう息子を救って欲しかった。救えないのならば、せめてその体温で寄り添っていて欲しかった。

もう母は抱きしめてあげることも遠くてできない。犬をもらってくる前に取り合えず息子にもお伺いを立てる。

「犬、飼おうかと思うんだけど。どう思う?」

息子の返事はにべもない。

「俺はいらない。だから飼っても俺は絶対、面倒はみない!」

ペットショップに行っては戻る。

自信がなかった。犬を飼うことにも、息子をどうにかさせることにも。

2ヶ月迷っていたある日、ペットショップにその犬は居なかった。売れずに大きくなると処分されるという。速攻でその犬を探して家に連れて来た。犬を抱いたまま息子の部屋を開ける。彼はヘッドホンをかけた横顔をこちらに向けて、びっくりしたような嬉しいような笑顔を向けた。

しかし連れ帰って来たはいいが、即、犬の育児ノイローゼになった。トイレトレーニングしかり、啼き声しかり、壁を引っかく、ゴミを漁る等々、犬のあらゆることで日夜悩まされるようになっていた。どう育てていいのか皆目《かいもく》わからない。

周りの人に相談しても、あの人はこう言う、この人はこう言うで、何が正しいのかもさっぱりわからない。あらゆるマニュアル本を読み、ビデオを観、悪戦苦闘した。

息子どころではなくなった。

我が家流の育て方のなかで、犬のほうも私たち家族もどうにか折り合いをつけて暮らせるようになってきたころには、すでに犬はデブ犬になっている。ミニチュアのはずなのに有り得ない体格になっていたのだ。

獣医さんのところに健康診断に行く。

「あの～先生？　この子はミニチュアということで血統書も付いて家の子になったんですが、ミニチュアにしたら変でしょうか？」

獣医さんはこともなげにこうおっしゃったのだ。

「ミニチュアだと思うから変だと思うんです。ミニチュアだと思わなければいい！」

はい～～～～？？？？

アタシはミニチュアだと思って買ってきたの！　お店もこの子の骨格だとそんなに大きくなりませんよって言ったの！

「あっ、騙されましたね、わっはっは。でも今さら、交換する気にはならないでしょう？」

あったりまえじゃねーか、この子は家の家族なんだから！　しかも美人なんだから！

くそー、あのペットショップめ、定価で売りつけやがったくせに！　しかも今は潰れてるってどういうこった⁉　もう、いいもん！　ミニチュアじゃなくてもいいもん！　可愛いもん！

私は犬を含めると3人（ふたりと一匹）の子育てを経験したわけだが、思うにそれはかなりな手探りで、マニュアルと現実のギャップに戸惑い、マニュアルのなかに現実をどうにか押し込めようといつももがいていたような気がする。

「ミニチュアだから」

「男の子だから」

「女の子だから」

「中高一貫に行かせたんだから」

「こうあって欲しい」がいつしか「こうあらねばならない」になっていく。

「ミニチュアだと思わなければいい」

そうなんだよなぁ…。その枠を取り払ったら、違う世界が見えてくる。

あの日、浜辺で犬と戯《たわむ》れながら「俺は大丈夫だから」と言った息子の心境の変化はわからない。飄々《ひょうひょう》とした様子の彼からはそれが無理して言っている言葉なのか、それとも何かを越えてしまった証なのかはわからない。

学年が替わったから「大丈夫」という意味なのか、「そんなに弱くねーよ」という意味なのか、「もう自分の中で消化できたから」という意味なのか…。

でも母はいちいちその理由を事細かに詮索する必要はないんだと思う。

そんなことよりも、息子が私の側で笑ってくれることが嬉しくて、ただ嬉しくて、久しぶりに彼の笑顔に出会えたのがただ嬉しかったんだ。

高1のいつだったかイジメ事件のことを聞いてみたことがあった。息子はこう言った。

「アイツもいつまでも同じじゃない。俺も同じ。いつまでも同じ場所にはいないよ」

いつまでも同じ場所にいるのは母だけなのかもね…。

公約どおり息子は今も犬の世話はほとんどやらない。ちょっとは散歩にも連れて行けとも思うが、まあいいか、そういう約束だったね。

ともあれ犬はいつの間にかもっと大きくなり、それに伴い態度もますます大きくなり、今では私が犬にお仕えしているかのようだ。

まあ、いいか、可愛いもん。大事な家族だ。

このとき たこ太は！？

ヨシガスを初めて連れてきたときは、ほんとびっくりしました。「犬飼わないよね？」って聞かなかったっけ？　って思いましたけど。でもまあ、いればいるで、かわいいし。でも、だからといって世話はしません、最初からそういう約束でしたから。犬を飼ったのは妹がせがんだからだと思いますけれど、一番溺愛してるのは親父ですね、友だちいないのかって思うくらい（笑）。妹とどっちがかわいいかって？　妹はものすごい存在感があるもんで。それは比べられないですね。

家出する母

子どもが中高時代っていうのは母にとっては本当に疲れる時期でどの母に聞こうが相当しんどい。人にもよるが、頼みのダンナは社会で相当悲惨な思いを味わいながらの毎日で、とても妻子のアレコレまでは手が回らない年代。

自身の親は段々と弱ってきており、当てにできるどころか逆に当てにされる始末。肝心要《かなめ》の自分はというとたいていの女たちが低賃金であくせくしながら社会の理不尽さに腹を立て、それでも家庭と仕事のバランスを取ろうと綱渡りの懸命な毎日なのだ。

しかも中高生を持つ母たちは相当お疲れがたまっているので、いつナンドキ倒れてもまったく不思議ではないという「お年ごろ」である。我が身の老いを実感として感じられる年代になっている。

世に言う三食昼寝付きの有閑《ゆうかん》マダムという方もいらっしゃるのかもしれないが、実感としては、そんな人は相当珍しいように思えてしまう。

ほとんどの母が何らかの職に就いており、学校やら自治会やらの各種ボランティア業務にも当然の責務として係わっている。家のなかのいわゆる主婦業という役割も夫君との完全分業制という妻は少数派で、ゆえに一日中クルクルとコマネズミのように働いている兼業主婦が圧倒的に多いように思う。これで倒れないいんだから、どんだけ丈夫なんだよ、おまえ？　って気がしないでもない状態だ。

その母たちの子どもである中高生は生意気でウザい。誰をつまんで持ってこようが生意気でウザい。自分では何ひとつやろうともせず、自力では何もできないくせに態度だけはデカい。どうしてそんなに偉そうにしていられるのかが、まず謎だ。

大体ヤツらは生活態度がなっていないのだ。玄関は物置きではない。同時にリビングはオマエの私物置き場ではない。弁当箱はせめて出せ。脱いだ服くらいハンガーに掛けろ。靴下を丸めたままで放置するのはやめろ。このトグロを巻いたようなズボンの抜け殻。

「脱皮しとんのかい⁉　オマエは！」

朝になってアレがない、コレがないと騒がず前日に用意しとけ！　どの母も言いたいことは山のようにあるのだ。

私は同じ学校の母友からこう言われるのが何より怖い。

「ね、知ってる？」

それは100％知らない話だし、200％自分にとっては聞きたくない話だからである。

「なんで（PTAの）バス旅行来なかったの？」なんて質問も嫌いだ。

「来なかったの?」ではなく「そんな旅行があったなんてことを、いま初めて知った者の気持ちになれ!ちゅーの」と罪もない母友に八つ当たりする始末。行事終了後のプリントほど後味の悪いものはないのだ。

大人への階段を登りつつある行動力のあるお子さんをお持ちの母はさらに悩みが深刻である。

喫煙、バイク、異性関係、朝帰り等々、もうどう対処してよいやらで怒り方のさじ加減がものすごく難しいのだと嘆く。

結局「人生で子育てほどメンドクサイものはない」(友人談)のだ。

母たちは時々〝星一徹〟になる。何の手伝いもせず、勉強などもってのほかで、やることはやらずに権利ばっか主張しやがる子どもにブチ切れる。何もかも引っくり返したくなるのだ。

子どもの素行不良に悩み、在学名門私立高校から圧力をかけられている友人は、母の日に花を買ってきた息子に素直には喜べずに私にこう言った。

「本音はね、花なんかいらないから自分の非を認めて人間らしい生活をしろ! と言いたい…。夕べも『暇なくせに家事もロクにしないで』って私に向かって暴言吐いたから、もうホントに情けなくなって、それで家出したの」(彼女はワーキングウーマン兼婦人科系手術待ちの身の上である)

また別の母はこんなメールをくれた。

「いまさ家出してんの。アタシが仕事で家を出る前も子どもがテレビゲームしてるなぁって思いながら出たんだけど、なんと仕事が終わって帰って来てもテレビゲームをやってるわけよ。アタシは一服するどころか腰を下ろす間もなく、夕飯の支度を始めているのに『手伝おうか？』なんて一切なし。アタシが箸まで並べて『めし！』って何度呼んでも来やしない。いつもなら部屋に乗り込んで行くんだけど、今日は静かに怒って先にひとりでサッサと食べてやったの。それで子どもがやっと部屋から出てきたと思ったらなんて言ったと思う？

『こんなのやだ。ほかにないのか？』

もうね、ブチ切れた。ほれで、いまスタバに居るわけ」

スタバのキャラメルマキアートで憂さ晴らしなんて、どんだけ生活応援価格な女なんだよ⁉　と思うけど、彼女の気持ちはものすごくよくわかる。

家も同じで、ちょっと用事を頼んだだけでも兄妹で押し付け合うなんてのはいつもの光景、私はしょっちゅうブチ切れて「やっていただかなくて結構！」って大声で叫び、窓が開いていたからご近所丸聞こえで真っ青な状態なのだ。

昨日もそう。妹のほうに「洗濯物を取り込んでご飯を炊いて」とメールをしたら「洗濯物はお兄ちゃんに頼んで」と返信を寄こしたから一気に血圧が上がってもうた。

こういう兄弟間の押し付け合いはどこでもあるらしく、ある母は出先でペットボトルを子どもに「ちょっと持ってて」と言っただけなのに、中学生兄弟が二人でなすり合った挙句、母のカバンに入れてしまったから、あら大変。その場で母はバッグからペットボトルを掴《つか》むや否や、そのまま床に思い切り投げつけたから、中身が思い切りシュワシュワ出ちゃって、仕方なくマイタオルでお掃除したと半べソで語っていたっけ。

また別の母は姉妹に向かって「ご飯をよそっておくれ」と言っただけなのに「アンタがやりな」と押し付け合いが始まって、母はひと言「もうオマエラに食わす飯はねー!!」とおひつごと引っくり返してしまい、よせばいいのに冷静になったあとで床に這《は》いつくばって、食べられそうな部分をおひつに戻したっていうんだから涙なしには語れない。

またまた別の母はよっぽど怖いのか、母がブチ切れると子どもどころかダンナまでもが慌てて飛び出し、手伝いながらこう言うんだそうな。

「ママの料理は世界一だよ!」

アンタ、目玉焼きに世界一って言われても…。

話は戻り、家出中の彼女は言った。

「育て方を間違えたと言われたらそれまでだけど、お皿一枚、茶碗ひとつ並べて手伝ってやろうという優しさがまったくない。こっちが何を言っても生返事。適当に流しやがって…。ホントに勝手。親を何だと思っているのかとしょっちゅう怒鳴ってる。『家はデニーズじゃない! お前は客じゃない! 働け!』ってよく絶叫するけど、今日はね、怒鳴って殴って蹴飛ばす気力もなくなったよ…」

そうだよね～。そんなときは怒鳴って殴って蹴って良し! って思うけど、それにはこっちに十分な気力と体力がないと難しい。怒れるのも実は若い証拠なのだ。

思えば子どもが小学生のころは私もまだ若かった。怒鳴りまくる体力があったのだ。いまや、なんという体たらく。

もう子どもと角を突き合わせるよりもサッサと家出をするほうを選ぶ。家出する母はそこらに溢れている。

だけどスタバは夜が早くていつまでも居られず、ホテルに一人で泊まるのも一層寂しい。家出母用にどこかお洒落なカフェをオールで開けてくれる店はないものか？

くだんの彼女も給料日前で財布は軽く、スタバのあとはシティホテルどころかネットカフェにも行けずで、ドンキでブラブラしたあとは缶チューハイを買ってご帰還となったらしい。

これで翌朝5時には起きて息子のために弁当作っているんだから、この母も相当世話はない。

母は誰でも懲りない生き物なのだろう。

「人生で子育てほどメンドクサイものはない」

名言だと思う。

英検地獄

英検（3級）に落ちた。正確に記すと落ちたのは母である私ではない、チュー2坊であった息子が落ちやがったのだ。しかも3回連続で落ちやがった。

私立が先取り教育をしているからといっても英検3級は中学卒業レベル。私立は中2の初回で取る子がほとんどと言われても、まあコイツは中2なんだし、中2はいろいろあったし仕方ないべと2回目まではそう思っていた。

しかし3回目の悲報に接したときはあまりの現実に呆然とした。呆然としたのは息子ではなく母である私だ。いろいろあったという事実は事実、しかしそれはそれ、これはこれだ。いくら中高一貫と言えど、中3終了時までに少なくとも英検3級をクリアしなければ、高校への進学は認められないという噂がまことしやかに流れていたからで、その真相を学校さまに確かめる勇気もなかったのである。

「もしかして、こんな子、家だけかなぁ…？」

不安は動揺へ、動揺はやがて恐怖に変わっていった。

なんらかの対策を講じなければ、このままズルズルと落ち続け、放校処分決定⁉

すでに高校生になっている同じ学校の母に電話をしてみる。

「ええ――――⁉⁉⁉　3回落ちた⁉　ヤバイよ、マジで！　どうにかしなきゃ！　今まで何やってたのよっ！　高校に行けない子がいるかって⁉　いるに決まってるじゃん！　3級は必須かって⁉　当たり前でしょう⁉　なに能天気なこと言ってるのよ！　りんこ、アンタ、恥ずかしいと思わないとダメよ！」

慰めてもらおうと思ったのにやぶ蛇になってしまい、私は完全にぽしゃってしまった。

あ〜、何もやらせてないし、何もみてやってないしな〜、ツケが回ったってことかなぁ。

聞けば現在私立中2の娘の周りでも試験勉強を親がついてやっているという子たちが大変多い。先輩母に言われるまでもなく私が能天気すぎるんだろうな、きっと。

どこの学校だろうとマトモな親はいつも必死で、かかりきりで子どもの学力低下に神経をとがらせているんだろう。娘の段になってようやく気が付く愚かさであるので、当時の私には考えもつかないことだったのだ（とは言え、いまも私は娘にも何もしていないが）。

「勉強は自分でするものでしょう⁉　親が手取り足取りこうやれ、ああやれって言ってやるもんじゃないよね？　親のやり方じゃなくて子どもが自分のやり方を自分で見つけないとダメだよね⁉」

私は先輩母にそう意見を言ったのだ。彼女はため息混じりにこう言った。

「アンタはつくづくめでたいわ。あのね、それは頭良し子さんの親が言う台詞《せりふ》よ?　りんこが言うのは百年早いっつーの!　勉強っていうのは一度わからなくなるとまったくわからなくなっていくものなのよ?　どの科目も積み重ねなんだから、基礎でつまづいたら、もう上のレベルには知識を積み重ねられないんだよ?　やる気がなくなって、それでおしまいってことになるのよ?　いいの?　それで、りんこ!」

「いいの?　それで」と問われたら「いいわけがない!」と言うしかないが、それならどうすればいいかを尋ねたら、こう言われて余計に凹んでしまった私がいた。

「知らないよ。だって、そんなに悲惨になった経験ないもん!」

私は息子に中学受験をさせたことには後悔はないし、私立の教育にも、もちろん100%の満足ではないにしてもかなり良かったと思っている。しかしである。小学生の息子にあれだけの勉強量を押し付けたことは、やはり疑問として残っている。自発的な勉強ではなかったから、習慣として根付かせることもできなかったし、結果、点を取りに行くということだけが大きな目標にすり替わっていってしまったように思えて仕方なかった。

わからなければ「ア」ではなく「ウ」を書けだの、傍線の前後2行に答えがあるだの、もうこれが出たらこの公式って決まってるの!　だの、思えば、そんなテクニックばかりを言っていたようにも感じる。この勉強法は絶対に間違っているとわかっていながら、私はテクニックに走って、ただただ「ここまで来たら絶対に合格させたい」という一念であったように思うのだ。

それゆえ、私はこの子が中学生になったら自分が勉強法をあーだ、こーだ言うのは止めよう、絶対に手出しはしないようにしようと思ったし、本音を言えば、ものすごく面倒くさかったし、二度と勉強の面倒なんかみたくもねー！　って思っていたし、チラッと見るにその内容が私ごときの頭じゃまるでついていけないってことで、もう勝手にやってね〜という状態だったのだ。それがいけなかったのか？

繰り返すが落ちたのは私ではない。息子である。英検に受かろうがどうしようが知ったこっちゃないはずなのだ、私の教育方針は。それなのに先輩母にひと言言われただけで、ものすごく動揺した。私が見張りを怠ったから、こんな結果に⁉

「恥ずかしいと思いなさいよ！」

この声が頭の中をグルグルと回っていた。

一年で3回もある英検でも一次試験と二次試験がある。当然、二次に受からなければ合格とはならないわけで、こんなんじゃ二次まで一発で決められるという率のほうが低いだろう。

ええ――――？　じゃあ、あと3回しかないんじゃん⁉

そんな折も折、公立組の同学年仲良し母たちからランチの誘いがあった。何でもよくて、誰でもよくて、ただただホッとしたくて、家も一緒って言われたくて、嬉しくなって「行く！　行く！　絶対行く！」と返事をした。

……大間違いだった。

敵は（↑敵なのか⁉）口々にこう言った。

「英検3級？　もうとっくに取ってるよ」

「うん、うちら（公立）はさ、大体中2の一回目で取るかな？　酷《ひど》い子でも秋には取れてるよ、ね？」

「そうだね、中学受験しない子たちはたいてい小学生から英語塾にも行くじゃない？　だから進みも早いし、中2で準2（級）も結構いるよ」

「で、たこ太はどうなの？　私立って先取りなんでしょ？　もう2級なんて取っちゃってたりして？　たこ太、（家の子）置いて行かないで〜！」

なんか地球上にたった一人取り残された気がした。その夜、私は自宅に異星人を見た。

「たこ太さ、今日お母さん、A輔とB太とC郎の母に会ったんだけど、みんな、とっくの昔に英検3級取ったんだって。公立の子のほうが受験があるせいか頑張ってるね？」

「そうなんだ、アイツらどうしてるって？　懐かしいなぁ。そうかぁ、3級受かってるんだ？　俺も頑張らなくちゃいけないな！」

模範解答はこうである。さあ、言っておくれ、正答を！

おい！　なんか言えよ！

何の反応もなかった。頼むから悔しがってくれよ！

母の声が聞こえてないのだろうか？　と思うほどの無反応ぶりにあったまきた。こんな大事な話をしとる母を無視するとは何ごとか！

「ちょっとアンタ、これ聞いて何とも思わないわけ？」

すでに私は怒っている。息子は無表情にこう言った。

「別に」

そうひと言言い残し、彼がリビングの扉を後ろ手に閉めた。

地球上にたった一人取り残され、そうだ息子がいたんだ、息子を守らなくちゃ、一緒に戦わなくちゃと思っていたのに、肝心な息子がすでに地球外生命体になっている！　当の本人にいかほどのダメージがあるかもまったくわからず、もしかしてまったくないのではなかろうか？　との危惧《きぐ》もあり、怒ってみても、なだめてみても何の反応も見られない息子。

かたや公立組は予想どおり頑張っている。

「だって受験あるし、内申あるし、できないし。だから部活帰りで疲れていようが、塾に行かせて勉強させるしかないじゃない？　やっぱ高校受験は選択肢も限られるから厳しいよ。英検だって持っているのと持っていないのとでは受験のときに違うしね、結構親も大変よ。何に大変かって？　決まってるじゃん、見張りよ、見張り！（勉強は）やらせなきゃやらないもん！　母の仕事よね？」

そうなんだ、そうなんだなぁと想像はしていたけれど実際聞くと焦りが募る。

あんなに勉強させて、やっと突っ込んだ私立なのに、（当時）何もしないで遊んでいた子たちにとっくの昔に追い抜かされてる。

「このままじゃいけない！　何とかしなくちゃ」

何かにとりつかれたかのように気持ちだけが焦っていた。

ほどなくして、私は母友からの情報で「寺小屋」を見つけ出した。そこに行けばあら不思議、じっくりゆっくりではあるが絶対に実力がつくということで評判の英語塾だった。

「ここしかない！」

実際にその寺小屋を見学する前から腹は決まっていたのだ。息子の意志なんか関係なかった。こうして寺小屋入塾は遂行された。

このとき たこ太は！？

確かに３回落ちたんですが、１回目、２回目はちょっとふざけすぎました。確かマークシートだったと思うんですが、それを面白く書くことだけにすごく集中しちゃって。ちなみに１回目は２番だけマークして、どのくらい正解が叩き出せるのかを見てみたんです。２回目は12341234ってマークしたら、どうなのかなって思ってやってみて。結果的には1234のほうが、点数はよかったんですが、さすがに合格はしなかったですね。でも３回目からは真面目に受けました。もちろん親はそのことは知りません（笑）

教師生活40年、未だかつてこのようなお子さま

速攻で〝寺小屋〟の予約を取った私は数日後、息子を伴い説明会に出かけた。寺小屋の偉い人はこうおっしゃったと記憶する。

「家は寺小屋ですから教師が黒板で授業を行うという塾ではありません。勉強するという場所を提供するだけです。自分でコツコツやっていき、どうしてもわからない問題をその場に居る教師に尋ねるというスタイルです。自分でやろう、努力しようと思わない限りは伸びません。でもここに来てコツコツとやろうと思った子どもは確実に実力が付きますし、やっていくうちに英語が得意科目になって、学年でも上位に入ることは間違いないです」

ええ――!? 学年の上位に!?

思いもよらないお言葉にすっかり酔いしれて、その場で「ぜひ、お願いします!」と言ってしまった

私であるが、偉い人は続けてこうおっしゃった。

「お母さんにではなく生徒さんに聞いています。やる気がありますか？　ここで頑張ろうという気になれましたか？」

藁《わら》をもすがりたい母と、その気にさせるのが仕事のプロ。その場で「俺はいっす」と断れる子どもが何人いるだろう？　私は確か息子に畳み掛ける攻撃でこう言ったような気がする。

「やれる？　やれるわよね？」

息子が何と返事をしたかの記憶はない。しかし、私はその場で入会金を支払い「明日からよろしくお願いします」と頭を下げた。

私はまたしても本人の意志とは関係なく我が子を塾に放り込んだのだ。入会したものの、蓋《ふた》を開けてみれば、息子は塾に行ったり行かなかったりで、やがて行かない日が多くなっていた。

夕暮れどきにかかってくる電話は私を憂鬱な気分にさせるのに十分なものだった。

「寺小屋でございますが、息子さんがこのお時間になってもお見えでなくて…。お母さまのほうで本日は何かご用事があるなどというお話をお聞きでらっしゃいますか？」

なんで金を出している側が平身低頭で謝らなければならぬのか、などと大きなことが言えるわけもなく、

「ご迷惑をおかけしまして申し訳ございません」

と言うのがやっとだった。非礼を詫びて受話器を置く。もう何もする気も起こらず、雨戸も閉めな

い暗い部屋のなかでテレビだけが青白く光っている。

「またか…」

外から見たら不気味館《やかた》である。真っ暗な部屋が鈍い光を放っているのだ。妖気漂う部屋に帰って来るほうもさぞや気が重かったことだろう。それでも息子は何ごともなかったかのように寺小屋が終わる定時刻に帰って来た。

「さっき寺小屋の先生から電話があったけど?」

「なんで行かないの?」

「行かなきゃ、余計にわかんなくなるし、高校に行けないかもよ?」

「塾代もタダじゃないんだよ?」

何を言っても無反応な相手に対しては、どうにかしようと焦るせいか声のトーンがドンドン上がる。

「ふざけんな! いい加減にしろ! 人の迷惑も考えろ!」

百歩譲って、行けない事情があるのならば、先方にお断りの連絡を事前に入れるのが筋であろう? なぜ、それすらできない?

行かないのならば、テメ~の実力がつかずに放校処分となっても自業自得。それも選んだ人生、いいでしょう。けれども寺小屋と契約した以上、最低限の義務がある。それは人間としての義務だ。最低限の義務も果たせないなら人間やめちまえっ!! そんなことを大声で怒鳴っていた。一人では抱えきれないストレスを当の本人にぶつけたのだ。

英検に受かって欲しいために入れた塾というだけの存在だったのに、アッと言う間に夕方の電話を回避したい、それゆえ行ってさえくれればいいのだという目標にすり替わり、電話がかかって来ないというだけで心底ホッとした。

寺小屋は週5日制であったために「ここで頑張ろう」というやる気になったお子さんだけが残れるハードな塾である。寺小屋の偉い先生はこうおっしゃっていた。

「週5日といっても何もハードなことではありません。本来ならば自宅でやるべき学習なんです。英語は（学校授業時間）週7時間くらいが平均じゃないですか？ 一日家庭学習を怠っただけで、翌週には付いていくのが難しくなるのは当然ですよね？ 毎日、学校でやることを家庭で復習しなければならないのに自宅でできないとおっしゃるから、この場を教師付きで提供しましょうという塾なんですよ。

しかも、入って来られた当初は相当遅れてらっしゃるので、理解できなくなったところまで遡《さかのぼ》ってやらなければなりません。ですから時間もかかりますし、すぐさま学校の成績が伸びるわけがないのはお解《わか》りいただけますね？ コツコツやるしかないんですよ、コツコツ。でもやれば確実に伸びますから」

息子は改心するわけもなく、行ったり行かなかったりを繰り返す。その度に「行け！ 行かないなら連絡入れろ！」と怒り狂う母親が出る。母子双方で「じゃあ塾を辞めよう」と話し合えばよいものを「待ったなし、あとがない」感覚に陥った私には「最後の砦《とりで》」を自ら明け渡す勇気など毛頭なく、ほとんど意味をなさない怒声に自分自身が病んでいくようだった。

そんなころだった。寺小屋からお呼び出しをくらってしまった。「是非、一度お母さまと面談したい」との出頭要請であった。

偉い人はこうおっしゃった。

「教師生活40年、未だかつてこのようなお子さまに出会ったことがありません」

無論褒め言葉であるわけもなく、私はただうなだれて身を縮めていたのだ。

「言えば実に素直にこちらの言うことを聞いてくださるんですけどね、何て言うのか掴みどころがないというか、決して反抗的じゃないんですよ、むしろ良い子です。でも、何と申しましょうか。『じゃあ、明日はいらっしゃいね』と言うと『はい』と実に気持ちよく返事をしてくださる。それで時間を空けて待っておりますといらっしゃらない。私どももね、たくさん生徒さんを抱えておりまして、入会できなくてお待ちいただいている方も多いんですね、実際。もしいらっしゃる意志がないのであれば、こちらの授業料も決してお安くはないですし、親御さんももったいないでしょう? こちらとしてもそういう空いた時間があるなら待っている方をお救いしたいんですね」

塾から「辞めろ!」ってか!?

未だかつて営利企業である塾のほうから引退勧告を受けたヤツがいるんだろうか?

「息子さんにはすでに同じことを申し上げましたが、ご家庭でよく話し合われたほうがよろしいかと思いましてお母さまにご足労願ったわけです」

えーいっ！　偉そうに実力つけるのが仕事のくせに、それもできずにオマケのサンパチに辞めろ！ってかっ⁉　上等じゃねーか！　こんな塾、こっちから願い下げでーー！　今すぐやめてやるっ！

なんつって言えたら気持ち良かったんだろうが、もうそれこそ捨てられた女が去り行く男にすがり付くように「そこを何とか！」と言ってしまった私。馬鹿だ。

あの日、海辺で子どもが笑ってくれるだけでいいと本気でそう思ったのに、舌の根も乾かぬうちに真逆なことをしている自分自身の裏表にため息が出る。

面談のあくる日、私は息子を再び散歩に誘った。横並びに歩くのはどのくらい久しぶりなんだろう。

「お母さん、思ったんだけど、たこ太はある意味すごいよね…」

何も言わない息子。

「お母さんの時代は学校も塾も行くものであり、ほかの選択肢は考えもつかなかったけど、休まないからって言って成績が伸びたわけでも勉強ができたわけでもなく、休む勇気がなかっただけ。お絵描きしたり枝毛切ったりして時間が過ぎるのを待ってたって感じ。もしかしてお母さんにバックレる勇気があったら、もっと違った人生があったかもって思ったりする…。『教師生活40年、未だかつてこのようなお子さま』って言われちゃったけど、これもある意味勲章かもね？」

横並びに歩くと二つの影は頼りなく伸びたり縮んだりを繰り返す。思えばそのときが私がありのままの息子を認めた初めてのときだったのかもしれない。

「寺小屋、嫌なら辞めていいよ…」

彼は何も言わずに首を横に振ったように見えた。
しばらし経ち、英検に合格した。その足で退会することを寺小屋に伝えた。寺小屋からはなぜか慰留されたが、もう夕方の辛さを考えると、これ以上私がやっていける自信がなかった。
母が一人で入会し、そして一人大騒ぎの上、一人で退会した塾騒動はこうして終わりを告げた。

**このとき
たこ太は！？**

英検に落ちて塾に行けと言われたんですが、やっぱり塾は面倒くさかったですよ。とにかく時間通りに行くのが難しい。強制されるのが嫌いで、自分で自由に時間を使いたいほうなんで。いわゆる反抗期でしたね(笑)。行かなきゃまずいなっていうのも、別になかったし、風まかせっていう感じ。もちろん親はなぜ行かないのって怒るけれど、頭に血がのぼっている人と話しても埒があかないので、とりあえず黙る。黙れば35分で説教は終わるんで（笑)。そのあと冷静になってから話したほうがいいですよね。

中3、蛙もどき

悪かったよ、身のほど知らずな夢を追ったからだよ、すまないね～、ふん。

なんか中学受験をしたときは(正確に言えば「させたとき」であるが、気分は私がしたも同然なのさ！)子どもを私立に放り込みさえすれば、なんか格別に良いご馳走を食べさせてもらえて、世の中のおいしい汁をチューチュー吸うかのごとく、成績優秀、運動バリバリ、青春爆裂で、おまけに超優秀大学がおいでおいでと手招きをし、さらなる「ごっつぁんです人生」が開けていくのだと勝手な未来予想図を描いていた。

そのためなら多少の金のかかり具合は仕方ないと諦めていたのだ。貧乏人だからこそ、遺してあげられる財産は子ども自身の身につけてあげようと変な親心を出して背伸びをした。

受験にいろんな理由があったのは確かだが、ものすごい本音を言えばぶっちゃけこういう単純なことだったのだ、きっと。

しかし、そんなおいしい世界はごくごく限られた一部の背中に羽根が生えているような方々にしか用意はされておらず、その他大勢でしかない者たちにとっては、壮大な希望を描いたがゆえの挫折感だけを味わう場所となりかねず、「アタシってば、もしかしなくても学園の集金マシーンの一部？」ってことに気が付くも、時すでに遅しってことが多いのだ。

（それもはなはだ腹立たしいことに「集金マシーンでいいですから、ここに置いておいてください！」と懇願するようなていたらくでつくづく情けない）

予想した未来とはかなり違うことに意外と早くに気が付いてしまった私は、教育関連に出す金がとにかくもったいないと思ったものだ。

「この金は目の前を流れていくドブに捨てるよりも、あっしの老後に使うべきでは…？」

性格が悪いと言われようがどうしようが、この思いは止めようもなく、子どもたちには今も事あるごとに言い続けているから始末におえない。中学受験で味わった地獄の一丁目は序章でしかなく、さらなる地獄が大口開けて待っていることを認めなければならないのに、まだあがく、そんな状態だった。

成績が上がって欲しいとか、ひたすら上がって欲しいとか、学年順位を飛躍的かつ爆発的に上げて欲しいとか、体育会系部活にバリバリ燃えまくって青春して欲しいとかの望みは、丁寧にひとつひとつ撃ち砕かれていく。

挙げ句の果てにはせっかく大学進学率の高い学校入れたのにこれかよ⁉　って思いに至ったりもするのだ。

友人の超一流高校在籍息子の母は当時こうやってグレている私にこう言った。

「りんごなんか（息子が超一流高校じゃないだけ）まだマシじゃん？　家なんか、悲惨よ。クラスメートが50人いたとしてそのうち49人が東大に行ったとしたら、世間的にはその学校は素晴らしいかもしれないけど、残り1人に選ばれる気持ちわかる？」

おお、上には上が⁉　と変な感慨を持つが、結局、ナンのカンのと言っても中高一貫校にとっては大学進学という目当てはデカク、そのための成績というファクターは重すぎる。

ナンチャラ判定模試もご丁寧に校内で実施してくださる。もちろん結果が出る度に驚くが、もっと驚くのはそもそも受けてもいない、つまり模試そのものをバックレやがったってことがあとからわかることだった。

「受けてもないんかい⁉」

段々笑うしかなくなって来るが、この状態に慣れるまでにはやはり時間がかかった。

「もう、いっや、勉強は。そもそも母がアホなんだし…」

とかなり自虐的になる。

「じゃあ、バリバリ体育会系に進んだのね？」と期待される向きもあろうかと思うが、それも違う。

そもそも入学当初に所属していた運動部は成績不振による補習の嵐でやがて幽霊となりフェードアウト状態で去っている（中高一貫で部活三昧《ざんまい》の青春の日々という、親が思い描きやすい、理想像は意外とどこでも誰でも簡単に崩れているので要注意なのだ）。

何でも当時、先生さまがおっしゃるに、

「キャプテンに廊下ですれ違ったので『アイツは補習だから部活に呼ぶな！』と言ったら、キャプテンが『呼んでません！　てか、ヤツは補習に行くって言ってましたが!?』って言うんです。『やられた！』って思って探し回ったら、屋上で30人くらいで大ゲーム大会やっているのを見つけまして、もう猛烈に怒りました。

でもね～、お母さん、僕は正直、羨ましかったですよ。立場上、アイツを怒りましたが、なんかね、屋上で大カードゲーム大会を仲間みんなとやってるなんて青春してんじゃんって思ったんですよ。これ息子さんに言わないでくださいよ、立場なくなっちゃいますから」

そりゃ部活も幽霊になって足抜けしちゃうはずだよ…。

この話を子どもの高校ＯＢのオッサンに愚痴ったら、彼はこう言っていた。

「補習をバックレて屋上に？　そりゃ伝統です。僕らも散々やりました。あれは実にいい！」

伝統ならば仕方ないか…。

それでは授業は真面目にやっているかと言えば、なわけがない。中3のときだったと思うが、化学の実験でなんかの試薬を舐めた咎《とが》により先生から自宅に通報された。

「完膚なきまでに怒ったんで、そこんとこよろしく♪」ってな内容だった。

「生命の危険も顧みず、おめ～は何やってるだ!?」

と帰って来た息子を捕まえたら、こう抜かしやがった。

「なんとなく?」

　馬鹿に舐めさせる薬を真剣に探そうかと思った。

　そういえば中3のときに修学旅行に行った。京都・奈良の旅だったと思うが、確かお小遣いは3千円だったような気がする。時効だから言うが、彼は10箱くらいの土産菓子を抱えて帰宅した。どう低く見積もっても3千円では到底足りない。

「こんなに饅頭抱えてどーするだ⁉　つーか、どーしただ⁉」

　吐かせたところ、何でもカードを友人に売りつけて小金持ちになったと言う。

「市場適正価格の正当な取引で、相手も納得し非常に満足していた」

　そんな問題じゃねーっ‼

　私は先輩母から「この京都修学旅行で息子は将来の夢を決めた」と聞かされたことがあるので、非常に期待していたのだ。先輩母の息子は建造物に悠久の美を感じ、寺院の庭の美しさに目を奪われたんだそうな。それで建築家を目指すことにしたという、これぞ正しい修学旅行！

　我が息子もさぞや！　と期待したのだが、帰って来たら寺院なんか、なんも目に入ってないわけね〜、どころか、なにやってんじゃいということに気が付く。期待した私が馬鹿だったということだ。

　中学時代に唯一（唯一かい！）良かったなぁと思ったのは彼が泳げるようになったことだ。行かせた学校には遠泳があり、中1から水泳の訓練をして、来る中3遠泳大会に臨む。

　息子が小さいころ、スイミングスクールに行かせると、逆に風邪をこじらせて肺炎にしてしまうことが何回かあり、すっかり怖気づいた私はそのままプールとは縁遠い生活をさせてしまい、金づちのままこの遠泳学校に突っ込んだので、どうなるものかと心配していた。

しかしプロの指導法は違うのかアッという間に泳げるようになる。しかも、みんな相当綺麗なフォームなのだ。遠泳大会は中3全員が泳ぎ切ったので、砂浜で待機していた母たちも息子らの3年に渡る苦闘（?）の授業を思い出してか、涙ぐむ人が多かった。

何かひとつでもやり遂げたと思えるものがあるのは良いものだなぁと素直にそう思った。

成績悪い、何考えているかわかんない、ゲームばっかりしている、気力がない、クラブやめちまった、帰宅部のわりには帰宅もしない。

相変わらず母から見ると否定語のオンパレードであるが、丸みを帯びた少年顔は明らかに髭剃りも始めるようなオッサン顔に変化しだす。

おたまじゃくしが蛙に成長するまでの途中という感じがして、「蛙」なんだか「おたまじゃくし」なんだかわからない奇妙な生物に思えて来る。奇妙な生物は時折「びみょー」と言ってみたり「フツー」と言ってみたり「別に」と言ってみたりで、3文字以上はしゃべることをやめたようだった。

友人によると
「3文字なら大したもんよ！　家なんかひどいよ？　私は小学校入学前に51文字息子に教えたよ、ちゃんと。それなのに、今や全部『あ』だよ、『あ』。何言っても、何聞いても『あ』しか言わない。もうあったま来るから口きいてないわ」

まあ、そんなもんだ。

息子が珍しく長い言葉を話すなぁと嬉しくなって耳を大きくしてみると、

「アンタのゲロまずい弁当なんて食えないんだよっ！」

と抜かしてやがる。心底ムカつくから、こんなこったら「三文字星人」でいいやと思っていた。もう当初、描いていた壮大な夢も希望もあったもんじゃない。ただひたすら「高校には上がれるんでしょうね⁉」と言い続ける私。

そんな事情だったがゆえ、担任の先生から「高校の制服？　どうぞお求めください」とお慈悲ある対応を受けたときには正直ホッとした。

ハードルはドンドンドンドン下がっていく。

僕は彼のいいところを知っています

ほんの数日前だが、何の話だったか私は娘（中2）にこう言ってしまった。

「ああ、何も問題がない子のお母さんはいいなぁ。成績のいい子のお母さんはいいなぁ」

彼女は母である私を見つめ、こう言った。

「それ本気で言ってるの？　私がもしお母さんになったとしたら、そんな子は欲しくない。何も問題がなくて、ただ成績がいいだけ？　私は絶対にヤダ。つまんないもん、そんなの。私はもっと泣いたり笑ったりしてくれる子のほうが絶対好き」

このパンチはかなり利いた。子どものほうが大人でどうするのだ。

結局、私は「成績が良くて、友だちがたくさんいて、何の問題もなくて、楽しそうに学校に行ってくれる機嫌の良い子」だけが欲しいのか。つまり母にとって「メンドクサクない子」あるいは「手がかからない子」「心配の要らない子」が欲しいってことだ。

我ながら浅い女。

現実の我が子は「メンドクサク」「手がかかり」「心配でたまらない」。そう、まるで真逆。

「じゃあ、こっちの子と『子ども換え』しよう」と言われても、たとえ天地がひっくり返ろうとも断るはずなのに、日々流れ行く暮らしのなかでは我が子の良さが目に入らない。

「これができない」「これをやらない」というような減点法でしか見られなくなっている。

それじゃいけないってことは重々承知なはずなのに、それでも日々は減点法採用のときのほうが遥かに多い。我が子の丸ごとそのままを「良し!」と受け入れられるような器を持っていないのだ。なんて浅い女。そんな自分に親としての自信がなくなってしまうとき、私は中高一貫に子どもを入れておいて良かったなぁとしみじみ思う。

我が子の12歳から18歳までの、人生で一番多感な時期、その時期に我が子と同じ空間で親よりも長く一緒に時を刻んでくださる先生方がいるということがありがたい。

生徒一人一人の性格をよく掴んでいるなあと脱帽することがよくある。プロだなぁと思うことがよくあるのだ。

「プロだなぁ」と感嘆することのひとつに叱り方がある。最近、唸ってしまった叱り方にこれがある。

娘は時代の流れか、ご多分に漏れず制服のスカートを巻き巻きして通っている。状況に応じて長くなったり短くなったりする魔法のスカートらしいが、当然、校則違反である。ある日、学年主任先生さまに廊下で不意に呼び止められたらしい。

「鳥居さん、あなたのスカートですが…。後ろが短いのに前が長いですね？」

娘は青ざめながらも必死で元に戻すべく工作したのだそうだ。学年主任先生さまは続けてこうおっしゃったと言う。

「折るのはまだいいとして、スカートを折るのにセンスがないとはどういうことですか？」

何をやるにもセンスが大切で品良くおやりなさいとの短いお叱りを受けたらしい。娘は家に帰って来るなりこう言った。

「やばい…。マジ、やられた…。こう出られちゃった…先生はスゴイ」

娘はその瞬間、当然のお沙汰《さた》として軽くても説教、下手すると親呼び出しまでも覚悟したらしいが、先生がこう出るとは予想だにしなかったのだ。

「マジ、やられた…」

娘の最大級の先生に対する褒め言葉だと思った。

〝北風と太陽〟ではないが頭ごなしに叱るのは簡単で、本人に「考えさせる」という叱り方は難しい。親には至難の技と言っても過言ではない。我が子がその時々に先生からのメッセージをどれだけ受け入れ、気持ちの奥にしまっておけるのかはわからないが、少なくとも母である私自身にそのメッセージは沁みていく。

順位がどうのとか、スカート丈がどうのということも学校生活には大事なことだ。けれどもすぐに目先のことに囚われて、目に見えることだけに縛られて右往左往して〝待てない子育て〟をしてしまう私にはこういう先生のメッセージがありがたい。

教師という職業は勉強を教えるというだけではなく、子どもたちの人生の先輩という存在としてもそこにいてくれるわけだが〝人生の先輩〟からこういうメッセージをもらえる息子や娘が単純に羨ましい。

息子の学校でも私自身が何度か先生方に救われるような思いをしてきた。ひとつ例を挙げるとこんなことがあった。

確か息子が中3くらいだったと思うが、ある先生と立ち話をさせていただいたことがあった。どういう脈略かはすっかり忘れてしまったが、当時イカレていた私は先生にこんなようなことを言った気がする。

「（学園の星とも言われていた）山下先輩みたいな息子が欲しかったですぅ」

学園の星どころか学園から追放されてしまいそうな勢いの点数を取って来る息子なんだが、あくまで母の夢を述べたに過ぎない。夢でしかないので妄想に近い。

その先生は半分笑いながら聞いていらしたが、すぐに真面目にこうおっしゃった。

「お母さん、山下は確かに優秀な生徒でした。山下にはいいところがたくさんあります。でもね、お母さん、山下は山下、たこ太はたこ太です。たこ太はたこ太でいいところがたくさんあります。僕は彼のいいところをたくさん知っていますよ」

先生に見透かされたような気がして「参ったなぁ」って正直そう思った。私はいつでも大切なことが目に見えなくなってしまうのだ。
この先生は「成績なんかでそんなに深刻になるなよ」と生徒に言い続けていらした方だ。

「成績なんてその時々でコロコロ変わる。コロコロ変わっちゃうような性質のものは、人間にとってそんなに重要なことであるはずがない。人が生きて行くなかには成績なんかより、もっともっと大事なことがあるんだよ」

とよく語っていらした。

このころ、この先生が出された学年通信（抜粋）にはこうある。

「ところで、僕は去年からギターを習い始めていて、ときどき君らにせがまれて教室で下手なギターを弾いたりしている。毎日家に帰って夜中まで、練習したりしているのだ。

楽しいんだよね。勉強だって、読書だって楽しい人はいるんだよ。

楽しいことがあるんじゃない、楽しむ人がいるだけだ。

楽しさは君たちのなかにある。それだけは知っておいて欲しい」

思えば、人生は「楽しい」からできるってことに溢れている。それを「楽しめる人」はそこに付随する辛さも苦しみをも「楽しさ」に変える力を持つ。辛いと思う仕事も結局「楽しい」なら徹夜だって何だってできちゃうのかもしれない。

なんだ、子育ても一緒じゃん。母は何と言おうが結局子育てが「楽しい」からやれるんだよね。子どもが悩み苦しむ姿を見るのは、かつておへそが繋がっていた母としては、自分の痛みに感じてしまうから、それは苦しい。子育ては苦しい。

でも母は誰しもがその気持ちを楽しみに変える力を持っている。だからこそ今日も諦めずにやっていけるのかもしれない。そんな当たり前のことに気付かせてくれたことを思い出した。

娘さんを中高一貫女子校に行かせて卒業させた知り合いが、先日私にこう言った。

「卒業式は感動するよ。もうグッと来る。母友の顔、先生の顔、大きくなった子どもたちの顔。それを見ただけで涙、涙よ。6年間は短いけど長いじゃない？　母同士は戦友よね、一番辛い時期を共に過ごすんだから、目が合っただけで涙よ。

先生にもそう。ああも言われ、こうも言われ、ああも迷惑をかけって6年はね、なんていうのか感極まる。先生もただ涙よ。ひよこたちがいよいよ飛ぼうとするんだもん。

ああ、愛されてたんだなぁ、この子たちって。ホントに可愛く大事に思ってくれてたんだなあって改めて感じるから、だから母たち、泣くの。りんこ、卒業式にはハンカチじゃなくて厚手のタオル持参ね」

それぞれの母に6年の日々の愛着があるのだろう。

私は今までに息子の学校の先生方から様々なメッセージをいただいた。その多くは担任の先生からの愚息への苦言であるので耳が痛いが、それでもありがたい。

ひとりひとりの先生たちが、きっとそれぞれの教え子のいいところをたくさん知っているのだろう。

我が子のいいところをわかってくれている人がいる。

「僕は彼のいいところをたくさん知っていますよ」

母にとってこれほどありがたいことはない。息子の学校のこの先生からはつい最近もこんなことを言ってもらえた。

「たこ太君も受験のプレッシャーと戦っているようですね。相変わらずクールな顔つきで『たいしたことはない』と口では言っているのではないですか？　それが彼の優しいところです。以前はやせ我慢をしてそう言っていたこともありましたが、ひょっとすると彼は彼なりに受験を楽しんでいるのかもしれません。たくましくなりましたね、たこ太君」

一貫校でおたまじゃくしから蛙もどきになるまでを見ていてくれたからこその言葉。心から感謝している。

Memories
のーんびり（高3）
湯
俺たち
サイコー!!（高2）
体育祭
GAMEで
固く結ばれた友情
（中高ALL）
zzz
起こしてもムダ
冬眠中
（中高ALL）
やっぱここは食うしかないっしょ
授業中は
角度60度を保って
寝るべし
（中3）
海臭くてヤなんですけど？
センター撃沈（高3）
ウーン どうするの!?
と言われても
（高2）
あ〜めんどくせ〜
（高校ALL）
いいこと考えた！
全部2にしたろ
（中2）

ふんっ アンタに
言われたかないね
(中3)
俺は今日から
反抗期に入るぜ!!
(中2)
とべよ、鳥だろ!?
らぶり〜
ちゃ〜み〜
みにちゅあ
ヨシガス
充血
(中高ALL)
とりあえず浮いとけ
救助艇マジ遅くね?
食堂の新メニューに
ポテトが♡ (中2)
ふっ
やれば
できる子なんだよ。
やんないだけさあ
(高2)
肉食獣
(中高ALL)
ワーイ
夕めし
肉?肉?
意外と楽しい深海魚
(中高ALL)

旅立ちの
ときは
もうすぐ
そこまで

高校編

あの可愛かったうちの子は
すっかり大人になってしまって
親の言うことなんて
まったく聞かなくなりました。
目の前に迫る大学受験に
母だけが焦る日々。
子どもたちからしてみれば
「青春」という言葉がぴったりのこの時代
大きく羽根をひろげて、いま
母のもとを飛び立とうとしています。
だから、もう扉を開けよう。
大空へ我が子を放つときは
もうそこまで来ています。

Senior HighSchool

人参ミッション　パート1　板一枚

息子が高校生になった。中高一貫校なので同じ敷地、ほぼ同じメンバーということで変わり映えはしない。変わったことといえば、若干、制服に変化があったことと、定期代が高校生料金に跳ね上がり、「えぇー!?　高くない？」と鉄道会社に文句を垂れそうになったことくらいだろうか。

もちろん安くはない高校入学金も払った。「一貫校なのにあんまりだ！」と憤慨していた母友もいたが、私などは「ぜひ私めにお支払いさせてください！　払うからお願い、上に行かせて！」という懇願組だったため、憤慨できる母を羨ましく思ったものだ。

（高校入学金を取らない良心の塊《かたまり》のような学校もある。高校になると微妙に授業料が上がる場合もあり、学校によってシステムはまったく異なる。しかし微妙に上がるのは学費だけで、たいていの母は成績も微妙でいいから上がらないかと嘆くのだ）

ともかくメデタク高校生になった。

一貫校のメリットとして「高校受験に左右されない学園生活」がある。受験に邪魔されずに〈勉強、部活、友情〉という青春三本柱を大いに謳歌《おうか》して欲しいと願って、一貫校に子どもを突っ込んでいる母は多い。私もご多分に漏れずで、子どもには勉強だけではない濃い学園生活を送らせたかった。

しかし実態はどうだ。部活もぬるすぎて、やってんだかやってないんだかも傍目《はため》にはまったくわからない。運動部と文化部の兼部は聞いたことがあるが、文化部と帰宅部の兼部、しかもなかなか帰宅しないし、何やっているのかも行方不明状態でわかりゃしない。

家にいれば家にいるで、目の前にいる息子はただゴロゴロと惰眠を貪《むさぼ》り、相変わらずのピコピコマン（コントローラーかマウスか携帯をいつもピコピコいじっているから）である。

親とも必要最低限の言葉しか交わさず「寝てる」か「ゲームしてる」か「食ってる」かのどれかで（あっ「風呂に入る」も入れろと今、横から息子のチャチャが入ったが）、まあこの四つの選択肢しかないように暮らしている。

ああ、自分から「これをやりたい！」とか言って燃えてくれないものか…。「勉強」じゃなくとも良いと言っているのだから、これほど理解ある親もないだろう？

それなのに、聞く耳も持たず、暇さえあればピコピコピコピコ…。このままじゃダメだ。息子が腐っていくようで私は妙に焦っていた。

待てない私は「人参」という名の禁断のカードを手にしてしまう。

「人参」は本人がお腹がすいたと感じたときに自らの手で調達すべきもの、親が「早く、早く、ここにあるからサッサと食べなさい！」という与え方をしたならば、永久に「人参」を自力で収穫することもなければ、最悪「人参」にすら興味を示さなくなるであろう。

この恐ろしい予言を思慮分別のある大人たちから、これまで散々拝聴してきたはずの私なのに、わかっているのに、どうしても「お腹がすくまで」待てない。

「だって活躍している子たちは野球だってゴルフだって最初は親が与えているんじゃん？　触れる機会もなかったら、それこそ永久にその存在すら知らないで終わらない？　今さら、活躍なんて望まないけど触れる機会くらい与えてもよくない？　だってだってもはや『経験は親が作ってあげる時代』だってコンセンサスができあがっているからこそ、中高一貫が持てはやされてるわけだし…」

そんな言い訳が気持ちを占め始め、しかもどんどん膨らむ。

ああ、ついに「人参カード」を手にしてしまう。居ても立ってもいられず1枚目のカードを息子の目の前に突き出した。

「ね、サーフィンやんない？」

唐突に思われるかもしれないが、私は息子に「強く」あって欲しかったのだ。「強く」なるのであれば方法は何でも良かったのではあるが、サーフィンは板一枚あれば場所代もタダ！　財布にも優しい気がしてくる。

「波に乗ったらよぉ、気が強くなるっての。波との真剣勝負だべ？　気を抜いてちゃやられる。ここ《ハート》を強くしなきゃ乗れねーべ。気が強くなったら己《おのれ》に自信が持てる。自信が持てたらテメーが変わる。テメーが変わったら、そん次はもっと強いテメーになるっての」

この話は『ノープロブレム』という本の中ですでに書いたが、知り合いになったサーフィンおやぢがこう力説したからだ。当時、私立という「ぬるま湯」に浸かってヌクヌクしているとしか思えない息子に頭を悩ませていた私には、ものすごく魅力的に見えた。

サーフィンは団体競技ではない。板一枚で一人で勝手に海に行き、勝手に上がってくるという超個人種目、誰かと競うわけでもなく、見るべきは波で、戦うべきは己なのだと語るおやぢはなぜか前歯が欠けまくっているんだが、そのおやぢが波に乗るとどういうわけかすごい素敵な人に見えてくるから不思議なのだ。

「サーフィン、やらないかなぁ？　やって欲しいなぁ…」

サーファーはチームで動くことも多いし、海のルールもたくさんあり、適度な上下関係もある。いろんな大人や様々な職業の人たちに出会えるのも魅力だ。そこには学校では決して学べないような世界があるような気がした。

ほどなくして出会いがあった。道を歩いていたらサーフショップの看板があり、それを見ていたらどこの国の人なのかがわからないような、黒い顔のおっちゃんが出てきて「女の人でもやれるよ。やってみる？」と話しかけて来たのだ。

あとになってわかるのだが地元でレジェンド《伝説の》サーファーと呼ばれているおっちゃんであった。

「私じゃなくて息子なんです」

「いーよ、連れて来いよ」ってなことで、息子の意見はまったく聞かずしてそんなこんなでサーフィン体験をすることで話がまとまってしまった。

「う〜ん、勝手に決めてきたが、何て言うかな〜」と悩みつつもオズオズと息子に話をしてみる。興味も示さずプイと横を向くかと思いきや、意外にも彼はこう言った。

「おもしろそうじゃん。いいよ、いつ?」

初夏の砂浜に人影はまばらで海はサーファー天国である。体験初回ではなかなか立って乗るまでには至らないと言われていたが、息子が一丁前に立って乗ったのでびっくりした。

伝説のおっちゃんが海から大声で陸の私に「息子、センスある! なかなかいいよ〜!」と叫んでいる。「よっしゃー!」と心で叫んだのは私である。

これで息子は毎週末ごとに海に出かけ、日焼けした精悍《せいかん》な顔とたくましい筋肉を作って帰って来るのだ。頭から水道のホースで水をかぶり、豪快に飯を喰らい、そして疲れて寝る。

そこにはパソコンも携帯もゲームもなく、あるのはギラつく太陽と体ひとつに板一枚。強いハートに割れた腹筋、そこにはもはや、誰かに付け込まれる弱い心はなく、何かの侵略を許すやわい心もない。自然に向かい、自然と闘い、自然を敬い、自分を律す。

これぞ男子たる者、生きる道ではないのか⁉ ブラボー! ブラボー!

成績がどっのとか、赤点がどっのとか、進級がどっのとか、もうそんなんあとでいいやん。

息子よ、海に向かうのだ! それっきゃねー!

帰って来た息子は「立つのは当然」とばかりに「いいもの持ってる」と言われたとかでかなりご機嫌だった。

何回か海に出かけボードも新調し、さあこれからというとき事件は起こった。

「俺もやろっかな」という御仁が出たのだ。息子の父であるところのダンナである。

「へっ？　なんでアンタが？」

とも思ったが、まあその出た腹をどうにかするにはいいかもねとの軽い気持ちで送り出し、ダンナもレジェンドサーファーの弟子になった。すると変な現象が起こった。

父が波に魅せられるに従い、徐々に息子の海に出かける回数が減って行く。父ハマる→息子やらない→父ハマる→息子やらない→父ハマるで季節が変わってしまった。

ええ――!?　なんでおやぢがハマっとるんじゃいっ!!　と私が喚《わめ》くも時すでに遅しのようで決して安くはない息子のボードを見ては頭がクラクラする始末。

早速言いつけにいくと伝説のおっちゃんはこう言った。

「まあ、そんなもんさ。あの年ごろでおやぢと一緒のものなんかやりたかねーわな。いいんじゃねーの？波乗りってのは無理矢理やらすもんじゃないしね。

親がやってるものはかえって反発してやんないさ。でもある意味、それが正常な道じゃないの？　自分からやるって言って、一人でもブラッとやってくるようじゃなくちゃ意味がないのさ。いいよ、ほっとけよ。海は逃げねーよ。ずっとここにあるさ。焦っちゃダメだ。待ってりゃいいじゃん」

そばで聞いていた家のキレおやぢがこう言った。

「まったくそのとおり！」

ったく、誰のせいだよ⁉　おめ〜が参戦しなかったら、いまごろは大胸筋ぴっくぴくのいい男ができあがっていたのかもしれないのに！

こうして「人参ミッションパート1」は不発に終わった。まあ仕方ない。知り合いが言った「三日坊主は経験豊富！　やらないよりはずっといい」という言葉を慰めにする。

それにしてもボードは値がはり、板、痛かった（お粗末）。

このとき たこ太は！？

サーフィンを初めてやったとき、波に乗れたんで楽しかったですよ。海にいるときも楽しかった。でもそこに行くまでが面倒くさい。ボードを横に抱えて自転車で海まで行かないといけないので、危ないし大変だし、それで行くのをやめちゃったんですよ。親父は経済力あるもんで、ボードかけが自転車についているんですよ（笑）、その違いかな。別に一緒にやるのはいやじゃなかったですよ。達成感もあるし。大学生になったらまた始めようと思っています。サーフィンってかっこいいって思ってるし（笑）。

人参ミッション　パート2　異国のママ

息子高1の夏休み。考えただけでも頭が痛くなった。なぜなら、コイツの妹が小学6年夏休み、中学受験の天王山を迎えてしまう。

「いかん！　こんな兄が夏休み中、ダラダラと家の中に居られてはいい迷惑！」

まるで定年後の趣味もないオッサンが家にいるのを毛嫌いする妻のように、「コイツを家から出さなければならない！」と、そう考えた。

何をやってもやらせても「たり〜」「だり〜」「めんどくせ〜」しか言わないピコピコマンに構っている余裕はない。これからは娘にかかりきりにならなければならない。従って今からは〝私の脳内メーカー〞からコイツを追い出さなければ！

サーフィンは波のいい時間帯が限られる。夏は人も多いので、やる量は期待できない。ならば「予備校の夏期講習は？」いや、また行った行かないで大騒ぎになって悩みが増える。しかも24時間やってくれるわけではない。それじゃあ一番娘に勉強させたい時刻に横でピコピコやってくれちゃうわけ？　冗談じゃない。どっか長時間、しかも格安で預かってくれるところはないものか…。

「ちゃりで一人旅は？」これはいい！　早速、提案してみる。

「めんどい」のひと言で終わってしまった…。

どうにかしなければダラダラしたまま、アッという間の夏が終わるだろう。何かないのか、何かないのか？　とない頭で懸命に考える。

いろいろ思いあぐねて、私はひとつの結論に達した。やはりコイツが動くのを待っていたら夏は終わる。事態は何も変わらないどころか、虚しい夏になるだろう。今こそ2枚目の「人参カード」を切るべきだ。

人参ミッション　パート2＝海外ホームステイ

滅茶苦茶、金がかかってもったいないけど仕方ない。金はおやぢの尻でも叩いてどうにかしよう。それでも足りなきゃ内職増やそう。働けば何とかなる。してみせる。

コイツが居なけりゃ妹も集中するかもしれない。いやいや、なんと言っても母の精神衛生上、非常に好ましいではないか！　覇気のないコイツを見るのは実際辛いのだ。

異国でもまれて苦労して来い。しかも相手は英語圏。嫌でも英語を聞け！　そして覚えろ！

大金VS.母の心の安定度＋英語のお勉強。これを秤《てんびん》にかけたら答えは決まった。

そして私はカードをここで切る。

このホームステイの顛末《てんまつ》も『ノープロブレム』という本に上梓《じょうし》したが、ともかく私はこうして息子に「夏休みはゲー国で他人の飯を食って来い！」と言ったのだ。

サーフィンと違い息子の抵抗は凄かった。

「行かね」

親から言われることは、取り合えず一切合切断固拒否という姿勢をとっているとしか思えないほど、強硬に突っぱねた。

しっかし、そこは15年も調教を繰り返してきた技なのか、最後にはどうにか「うん」と言わせ、飛行機に無理矢理押し込むことに成功する。

無論、そんな状態だったために荷物のパッキングは母が全部やってのけた。

ほっといたら手ぶらで出かけて行きそうだったからである。おまけのサンパチに成田に発送する日の朝に肝心なスーツケースが壊れてしまい、母は慌てて買いに走る。そのせいで息子は成田で自分のスーツケースを初めて見るということになったのだ！　わっはっは、外見も中身も自分の持ち物なのに、自分のものか判断しかねるような酷い状態。

無理矢理旅立たせたものの、いざ離すと心配でならない。

「ちゃんと食べてるかな」

「ホームシックで泣いてないかな」

「今、あっちは何時かな？　もう起きたかな？」

と一日中、気にしていた。そんなこんなな数週間。息子は再び母の元に帰って来た。泣き暮らし痩せ細って帰って来るものとばかり思っていたが、予想に反し、ものすごい笑顔で帰宅したのだ。

成田に迎えに行ったダンナによると開口一番「一生分の経験をさせてもらった」と息子がのたもうたらしい。

「もう最高だった！」と言っては、やれ肉が旨いの、ハンバーガーがデカくて旨いの、コーラが旨いの、ピザが旨いのって、食い物の話ばっかかいっ⁉

「いや、食い物ばっかじゃねっし」と言いながら語るのは、やれホームステイ先の犬が賢いの、家猫が5匹もいたの、オウムもいたのって動物シリーズかいっ⁉

なんか、こう英語でファミリーとこういう会話をしたとか、どういうところに感銘を受けたとかいう話はないんかい⁉

あっ、すまんかった。しゃべれるようだったら苦労はないわな…。

しかしである。やはり異文化交流はこの年代にとっても、新鮮かつインパクトの強いものであったらしく、彼は未だに時々、この異国で起こった話をしてくれるときがある。

まあたいていがクロワッサンを見たら「ヘレンママが焼いてくれたクロワッサンは旨かった」っていうような話なんだが、私は「へ〜！　ゲージンさんもマメにやるんだぁ」と感心するも、よくよく聞けば、なんのこたないレンジでチンってヤツで「おーほほほ、イズコも一緒ね〜♪」と我が意を得たりしている。

後日、辞書首っ引きで礼状を書いた私に異国のママ、ヘレンはこう返信してくれた。

「彼がいてくれた間中、本当に楽しかった。彼は本当にいい子で何でも素直に一生懸命手伝ってくれた。私は楽しくなってファミリーの行事に彼をすべて参加させたけれど、どこに行っても彼は人気者だったし、親戚の子どもたちにもやさしく接してくれてホントにナイスボーイだった。それもこれも、みんな、あなたが心を込めて彼を育てたからだわね。ありがとう、あなたのおかげで素敵な少年に出会うことができて、とってもいい夏を過ごさせてもらえた。私がお礼を言わないといけないわ。あなたはこんなに誇りに思える子を持てて本当にラッキーよ」

自分が褒められるとは思ってもいなかったので、こそばゆい感覚に陥ったが、誰かに褒めてもらうことなど自分自身、久しくなく、ああ、こんなにも褒め言葉は気持ちがいいものなのかとちょっとしんみりもした。

自分が褒めてもらったことがないから、そう言えば我が子を褒めたこともなく、日々些細なマイナスばかりを取り出してはヒステリックに怒り出す自分が悲しくなったのだ。

ヘレンママってすごいなぁって、異国の訳わかんない子どもを、ほぼボランティア価格で何週間も預かってくれたうえに、「黒髪の息子」が来てくれたことが「アイム　ソー　ハッピー」と手放しで言ってくれる。度量の桁《けた》が全然、違うような気がしてくる。

私は何を焦っているんだろう？

息子は初対面の、しかも言葉も通じない家庭のなかに一人で入って数週間を過ごして来た。戦力になったどころか多分邪魔だったろうが〝手伝い〟というものもさせてもらえたらしい。その家のルールを教えてもらいながら、どうにかこうにかでも過ごさせてもらったのだろう。

メールの内容がお世辞半分だとしても、彼は一応はヘレンママの家の一員として過ごしたということは読み取れた。自分の家では何もしないくせに、この違い。

彼ができることも、できるようになったこともきっと多分、家でも学校でもいっぱいあるはずなのに、それすら見えずに、母はなんでか焦る。「早く、早く」といつも急く。

私には「待つ」という余裕がないのだということだけが身に沁みる。

「可愛い子には旅をさせろ」かぁ…。

昔の人はいいこと言うな。

「彼は本当にいい笑顔をするの」とヘレンママが持たせてくれたアルバムには満面の笑みで写る息子がいた。こんな笑顔、ここ数年見たことがなかった。

「なんだ、母がいなくてもちゃんとやっていけるんじゃん…」

嬉しかったけど、ちょっと寂しい。母って複雑な生き物だ。

人参ミッション　パート3
ジュノンボーイコンテスト

鼻先に人参を吊るしても本人が食べようとしない限り、それは吊るした者の徒労に終わる。しかし食べないまでも「人参」の色や形、匂いはたとえ夢のなかでも、感じてみたほうが知らないよりはまだマシなんじゃないだろうか。いつか目を覚まし、やる気になったときに、嗅いだことのある匂いがあるほうがまったくないよりもいいのではないか。

それが息子を放っておけない母の「言い訳」。

手をこまねいて何もしてこなかったわけじゃない。私は懸命にどうにかしようとしたのだ。

それが将来の自分に対する「言い訳」。

正面からぶつかることはすべて避け、すべてが他人事なんだろうかと母には思える息子。彼にいま、一番欠けているものは何だろう?

お膳立てをすることはかえってマイナスを招くかもしれない。子どもの肝心な「やる気」を奪うことになるかもしれない。でも、うまく食いついたとしたら?

うまく行くという保証は何もないのに、その「もしかしたら」の誘惑に勝てない。高1初夏、これで最後と思い、私はカードを再び手にする。

最後のカードはなるべく日常とはかけ離れたものを選びたかった。振り子を今とは逆の方向に極端に振ってみたかったのだ。振り幅が大きければ大きいほど何かに触発されるのではないかと期待した。何かが変わってくれることを本当に期待した。

私は単純に息子に自信を持ってもらいたかったのだ。

というのも、この年代の子どもたちは誰しもが強烈な自己否定感に襲われる時期なのだと思っている。大人が信じられず、社会が信じられず、周囲はあやふやで、非常に心もとない場所に自分は立っている。自分に生きている意味があるのかと問うてみたり、なぜ生まれてきたのかというような存在意義について考え出す時期だと思うのだ。

薄氷のような心に幾筋ものエッジが突き刺さる。透明すぎるがために、そこに刻み付けられる無残な線を見るたびに少年たちは声にならない悲鳴を上げているのかもしれない。

自己否定感は自身が持つべきものではあるが、やはりそれと同じとは言えないまでも、ほんの少しでもいいから、それとは真逆の自己肯定感も同時に持って欲しかった。

そうしたらパソコンに逃げ込むだけの暮らしから抜け出て、やるべきことをきちんとやっていくという当たり前の毎日を送れるようになるのではないかと期待した。

人参ミッションパート3として最後に切ったカードは「ジュノンボーイコンテスト」。

誰にも何の相談もせずに勝手に書類を作って応募した。受かったら事後承諾、落ちたらそれまで。

しばらく経って写真選考を通過したので二次審査に来いという通知をもらう。

告白のときが来た。息子にカクカクシカジカと申し上げる。

「何それ？」

やはりと言うべきかゲームの国に始終お出かけ中の子どもは、ジュノンという雑誌があることも知らなかった。芸能人と言ってもまったくピンとは来ていないようだった。

う〜、やる気がないヤツ連れていっても審査員にドン引きされてスゴスゴ退散するのがオチかなあとは思ったが、まあ何でも経験！ と言い含め、ある朝、渋谷に繰り出した。

非常にふてくされている息子。

驚いたことに息子は「渋谷は初めて来る」と抜かしやがった。都会の街並みにキョロキョロしている。どんだけ田舎モン!? と思ったが、そうだ、我が家は田舎だったのだと、いまさらながらに都会に連れ出し美術館やら観光名所やらを見せて来なかった我が身を呪う。

「これじゃ、完璧、周りに呑まれるわ…」

突然、声をかけられる。

「お宅も、ですよね？」

渋谷と言えど早朝は人が少ない。同じ方向に歩いていれば嫌でもそれと気付く。とってもさわやか系の美少年と美しい女性だった。地方在住の甥っ子君と付き添いに立候補した東京在住の叔母さんとの自己紹介を受けた。

甥っ子くんが語り出す。

「君さ、もう面接のアピールとか考えてる？　俺、どんなのがいいかと悩んでいるんだけど、歌と野球のパフォーマンスだったらどっちがいいかな？」

なんだそれ？　エエ――――？　なんか芸をやらんといけんのかい!?　初耳の親子一組。

彼は緊張を吹き飛ばそうとするかのように息子に饒舌《じょうぜつ》に語っている。

「もうさ、俺20歳になるからあとがないんだよね。やっぱこの世界にスゲー憧れてて、どうしてもここでやってみたいって思って、これが最後のチャンスかなって思って、なんか今日に賭けてるって感じ？君、いくつ？　15？　いいなあ、若いよなあ…」

息子は口数が少ないどころかほとんどしゃべろうともしない。

「俺、これがダメだったら田舎に戻るって親に約束しちゃったからさ。いつまでもこんなことやってる場合かって親がうるさいし、まあ、それはそうだなって思うんだけど、なんか諦めきれないって言うの？だから、今日は気合いが入るってゆーか…。ここで選ばれたら雑誌に載るからさ、チャンスが増えるんだよな。お互いガンバロウな！」

早朝の渋谷はカラスが多い。カラスとゴミと朝の空気に気が抜けた建物たち。その脇を同じ方向に少年たちが歩く。なんか童話のハーメルンの笛吹き男を思い出してしまった。

待ち時間が長くなりそうなので、その場に居合わせた付き添いオバサン集団はそこらでお茶をすることで一気に盛り上がる。多分、一期一会、けれどもまるで旧知の間柄のようににぎやかに話せるのは女ならではの特権なんだろう。それぞれに動機を語ったり、夢を語ったりで忙しい。

驚いた。そこの誰もが「子ども自身」が確固たる「意志」と「夢」を持ってこの場に来ている。母が無理矢理引っ張って来たという子がいないという事実に驚く。

その中の最年少は12歳であったが、12歳は自らの意志で地方から飛行機に乗ってやって来たのだとその母がこう言った。

「勝手に自分で応募したみたいで、受かったから上京する、切符代をくれっていきなり言われて、(飛行機代がかかるから)ひとりで行けるって言い張るんだけど、そんなわけいかないし…。夢だって言うから応援するけど、お金かかかったわ～」

芸能界を志す子はそんなに小さいのにしっかりしとるのかと感心するが、同時に誰もが何の考えもなくパッと来るのではなく、それなりの準備をしてこの戦いに挑むのかということがわかって、自らの浅はかさに呆れる思いだ。

「よく『姉が勝手に応募して』ってアイドルがいるでしょ? 応募したのは実際、姉かもしれないけど、やっぱり本人に『絶対やりたい!』っていう強い気持ちがない限り、この世界は無理だよ。『私を見て! 僕を見て!』って世界だもの、芯がしっかりしてない子には務まらない」

と言うある母の言葉に一同が頷く。ここは夢を現実にするための「戦いの場」なんだなぁと改めて思う。

日常でも自己主張がしっかりできて自分の求めているものが何なのかがわかって、それに向かって何をやればいいのかを手探りでもいいから進めるという子がここに来るのだ。

自信を持って欲しいどころか、これじゃかえって余計に自信を失くさせてしまいそうで、あまりの場違いに唖然《あぜん》とする。

まあ、当然の結果として3分の持ち時間を持て余した息子はお払い箱となり帰路につく。

同じように三次予選に進出できなかったという高2生が話しかけてきた。

「オマエさ、来年リベンジする？　俺はやる！　このままじゃ悔しすぎだから！」

その高2生の母が私に向かってこう言った。

「もうさ、言ったって親の言うことなんか聞かないから、自分のやりたいようにやればいいって思ってるの。親はさ、子どもを応援することしかできないんだよね、結局…」

高2生が「一緒に飯食わない？」と誘ってくれたのも断って、息子はこう言った。

「あ〜、渋谷、空気悪《わる》。息詰まるから、俺、先帰るわ」

なんてつれないヤツ…。

悔しかったのか、どうでもよかったのか、ポーカーフェースはいつものまま。

でもなんか結局コイツはコイツで我が道を行っているのかもしれない。この経験で彼に自信がついたのか、逆に木端微塵《こっぱみじん》になったのかもわからないが、一生懸命何かを掴もうともがく同世代がたくさんいるという現実は目の当たりにはしただろう。少しでも何かを見て聞いて、その匂いを感じてくれたら、今はそれでいい。

私がこの初夏に慌てて切った三枚のカードは結局、何の即効性もなかった。わざと思い切り突飛な餌を用意したつもりだが、食いついたと思ったら針から逃げて結局釣れない。自分から食べようと思わない限りは無理なんだなぁと改めて思った。「これが最後」と思ったとおり、私は「人参」を用意するのはもうやめよう。人は動こうと思ったときに初めて動けるのであって、誰かが押したんじゃダメなんだ。待つのは辛いが仕方ない。

この経験が息子の将来にどう影響するのかはまったく謎だが、人生に無駄なことは何ひとつないということを信じている。

このとき たこ太は！？

勝手に応募されたのは、別にいやじゃなかったです、こういう経験もありだなと思ったし。自己アピールを失敗したのがちょっと痛かった。ほかの人に比べて考えが足りなかったなと思う。みんなやる気満々だったんで、こりゃ、負けたなと思いました。なんとなくじゃやっぱりダメですよね。実はファーストバッターだったんで、ほかの人がどのくらいやるのかわかんなかったんですよ。もうちょっとノリノリで行けばよかったなと思っています。今度は自分を磨いてから挑戦したいです。

♪パソコン昇天

高校生になっても息子は相変わらずパソコンゲームに夢中であった。そんなに熱中できるものがあるんなら、いっそ仕事にできるくらいの技を磨いちゃいかがですかね？　との嫌味のひとつやふたつ、365回は言ってやった。

息子には母の声はBGMにしか聞こえないようなので、たいていはシカトである。しかし、何かの加減でスイッチがONになることもあるらしく反応を示すときがある。

「悪いな、俺には（ソフトを企画立案して売り込むような天才少年になること→）無理！」

なおも母は言う。

「あれだけやってるんだから、なんかアイデアくらい浮かぶだろう？　もうオマエは勉強じゃなくてそっちで考えるべ！」

息子は「やれやれ」と言った風情でこう抜かす。

「アンタはホントに世の中を知らない、そんな甘い夢をみてるようじゃ…」

あんだと――――!?　オメ～だけには言われたかないわ！　ムッカつく。それならばと思い、今度はこう言ってみた。

「ある情報筋から耳寄りな話を聞いて来た。何でも世界には為替ディーラーさんとかいう職業があるらしいが、一瞬で何百億ものお金を動かしていくようなデカイ仕事らしい。でだ、ここからがスゴイ。彼らはナント、天才的ゲーマーを求めているんだそうな。コンマ何秒の世界で先にクリックした者勝ちだということで、その高度な技術保持者は引く手数多《あまた》だって言うぞ。どーだね？　趣味と実益を兼ねては？」

息子はひと言でこのナイスなアイデアを却下した。

「めんどい」

ったく生活のすべてをめんどくさがりやがって！

だいたいである、そもそも寝る間も惜しんでピコピコやってるくせに、試験前日になると夜10時には消灯してるってどういうこった!?

「えっ？　睡眠不足は体に悪いだろう」

くそー、あー言えば、こー言うで腹立たしい。泥沼から引き上げようとすればするほど、むしろ潜るって、なんでこーなる!?

悪魔の小道具（パソコンのこと）恐るべしだな…。

何でもこの小道具の遊技場ではリアルな実在のお友だちと会話することができるらしく、待ち合わせをしては一緒に冒険旅行をしているらしい。興味がない者にとっては何がそんなに面白いのかもまったく理解できない。

もう高校生なんだから、いい加減、冒険旅行から帰って来てはもらえませんかのぉ？　と苦虫を噛み潰す。

ああ、私が体育会系人間に育てられなかったから、こうなっちまったんだか⁉︎　とヨヨと泣き濡れたら、バリバリ体育会の高校生息子を持つ友人はこう言った。

「同じです。部活やろうが、どうしようが、睡眠時間削ってまで一晩中やってますから。

そもそも部活の人間関係だか何だかが問題で学校辞めたいとも言ってるしさ、やってるからって全然いいことなんかないよ。

怒ったって無駄よ、昨日もPCしつづける背中に勉強しなくちゃ留年ですが？　とか、こんな生活しててどうする？　ってな説得を2時間したけど、まったく心を閉ざしてる。

力づくでやるのは簡単。でも、そのあとどうなるかが読めない。それならキチンと説得したい。説得できないとしても、多少お互い歩み寄りたい。でも、できないんだよ…」

いずこも同じかと思うだけでも少しは救われる。

そのころだった。夜中に大きな地震があった。安普請《やすぶしん》の我が家だけかもしれないが、結構揺れたのだ。布団の中でヌクヌクしているダンナから「(子どもの様子を)見て来い！」と言われた。普通「アメリカ人なら（妻を守りもせず）離婚だわ」と思うところだが、寝ぼけていたし、大和撫子《やまとなでしこ》（?）だしでそんな考えも浮かばずに、子ども部屋のドアを開けようとした。

瞬間、天井の蛍光灯が消える。ベッドに乗ろうとして半身になっているヤツを発見した。

「起きてたの?」

「いや、寝てたけど…」

「地震すごかったね? 大丈夫だった?」

「えっ? 地震? そんなのあった?」

なんか怪しい。なぜ、オマエはキョドっているのだ? 机の上に乗っているパソコンに偶然、手が触れた。

「熱っ!!」

コイツはこんな時間まで隠れてコソコソと!

「いや、やってねっし…」

ウソまでつくとはいい度胸じゃねーか! と思ったが、あたしゃ眠いので戻って寝た。

少し前の私だったらたとえ夜中であろうが、明け方であろうが、翌日仕事だろうが怒るべきときに怒る、クイックレスポンスが身上の女! エンドレス説教タイムに突入するところなのだが、そんなこともやらなくなった。

やらなくなったのではなく、できなくなったというほうが正しい。私は歳を取ってしまったのだ。怒るにも体力が要《い》る。怒るという作業も若さあっての技なのだ。

怒るべきときに怒れなくなってくることも情けないが（その前に、こんなことで怒らなくてはならないことがそもそも情けないが）、夜中はとくにダメになってしまった。翌朝から何日かは尾を引く我が身へのダメージのほうが心配だったのだ。

その朝が明けて再び夜になったころ、息子の部屋では大事件が起こっていたらしい。どうも息子が慌てている。何かと格闘しているような、ちょっと必死な感じだった。

数日間だったが、その何かと格闘している感じは続いた。息子がようやく口を開く。

「パソコンが壊れた…」

えー？　マジで⁉

パソコン昇天！

笑える！　加熱でパソコンをお釈迦にした男。ここまで使ってもらえたらパソコンも本望であろう。わーい！　わーい！　ついにこの日が来たのね～♪　とうっとりする。

どうもこの数日間、彼は何とか自力で復旧を目指したものの敢えなく挫折、諦めきれずに今度は卓越した修理技能を誇る友人に直してもらうべく、出張修理に出したものの願い叶わず、どうにもこうにもなりませんでした、ちゃんちゃんということであったらしい。

苦節4年、パソコン地獄の底なし沼にドップリと浸かってしまい、怠惰《たいだ》な暮らしを強いられてきたが、これでようやく人間らしい暮らしができるのね？　学生の本分を思い出していただけるのね？　との期待で私の胸は膨れた。

「欲しけりゃバイトしてパソコン買えば～？（ふん、アタシは絶対買わねー！）」

と言ってやる。するとヤツは「俺の学校、バイト禁止だから」と寝てやがる。校則違反だらけのくせして、そこだけ校則守ってんじゃねーよ！　働け～～～!!

我が家のパソコンは今現在も一台のみである。まるで大家族のトイレなみの混雑だ。親のパソコンなので親が優先される。ゆえに子どもたちは親が使っていない間隙《かんげき》をぬってパソコンを使用するため、昔ほど自由には使えない。子どもにとっては自然と諦めざるを得ない状況になっている。シメシメと思った。

しかしヤツはとくに困った素振りは一切見せず、もちろん修理に出して欲しいとも、新しく買えとも意地なのか一切言わず、パソコンがないならほかのもので代用するとばかりに、違うゲーム機で遊び始める。

直接買い与えているわけではないが、気が付けばいつのまにかプレステナントカとか任天堂ナントカとかｉｐｏｄとかはしっかり自宅に標準装備されているし、携帯も持たせている。

結局、買ってやってる親が悪いんだろう？　と言われたらそれまでである。それまでではあるが、この社会の流れの中で「家は家！」と言い続けて、子どもに納得させていくのはよほどの信念がないとできない。私にとっては携帯もパソコンも今や生命線に近いものがある。ないと非常に困るのだ。そういう親にとっては「大人は仕事だからいいけれど、子どもは遊びだからダメ」と一切合財《いっさいがっさい》を認めないやり方は思春期の子育てには正直しんどい。

標準装備の最低ラインを模索するより、しゃーあるめぃといった、ものすごい中流志向なのである。

結果、せっかくパソコンにご昇天いただいたにもかかわらず、生活そのものに大した変化も見られず、息子が何をやっているのかが余計にわからなくなってしまったのだ。

このとき たこ太は！？

はい、加熱で、パソコンが昇天したのは事実です（笑）。もとからやばいとは思ってたんですが、ハードディスクがやられてしまい、あーーー11万が逝ってしまったって思いました（笑）。自分のパソコンがないのは不便ですね、リビングのパソコンの使用権の取り合いが大変です。ゲームをやってるのを見られるとうるさいんで、うまく隠すのに苦心しています。ダミーで勉強ソフトみたいなのを一番上に置いておいたりして、来たなと思ったらさっと隠して。最近は妹が僕の二の舞になりつつあります（笑）。

月曜日は定休日

高校生になってからというもの息子は傍で見ていても結構楽しそうだ。

何をしているのか、誰と付き合っているのか、生活全般まるごとすべてがわからないので、これを書くにあたり相当困る。仕方がないのでご本人に直接お願いすることにする。

「ネタに詰まったからオメ〜の携帯見せろ！」

息子は言う。

「それが人にものを頼むときの態度かな？　見せて欲しければお願いしなさい」

クソーッと思うが背に腹は変えられない。お願いする。

「お願いしますから見せてください m(＿＿)m」

息子は勝ち誇ったかのようにこう言った。

「断る！」

なにを〜？　母上さまが頭を下げて頼んでるのに、何たる物言い！

しかし切羽詰まった目の下クマだらけのオバサンほど化け物に近い者はいない。自分で言うのもナンだが怨霊《おんりょう》みたいだ。さぞや怖かろう。

「見せろ」「断る」の押し問答が続き、ついに原稿締切り前のオバサンが勝った。

予想どおりタイトルにReが続いておる。「Re：Re：Re：Re」の羅列である。ったく野郎はこれだから、ホントしょーもない。送信本文も見てやる（受信は見せてもらえなかった）。

「受験 is フリーダム」

「なぜなら俺はパンツを穿かない主義の男」

「ニャアアア」

「創始者は誰だ⁉　称えてやる！」

「ムンク　叫び〜」

eメールなのに、こんなに短文！　なんじゃこれ？

一番長い文章がこれだった。

「昨日の夕飯、冷凍ギョーザだぜ。あとは頼んだ！」

悪かったね、冷凍で！　まったく文章が意味をなさない。呆れ顔の母にヤツはこう言い放った。

「俺のケータイに意味はない！」

ど〜りで母の携帯に送りつけてくる文章（単語⁉）も意味をなさないわけだ。

「くるくるまるく」

「轟」

「限りなく大船」（↑大船は駅名）

まあ長年の勘ですべて「車で駅まで迎えに来てくれ」と言っているらしいというのはわかるが、思慮分別ある他人さまには通じないだろうと思うところに一抹《いちまつ》の将来の不安が過ぎるわけなのだ。

文章も相当悲惨だが、普通にしゃべっているときもよくわからない。母が聞く。

「あのさ、学校っていつから楽しくなった？」

「う～ん、そうだな。高校になったらなんか楽しくなったのさ」

「なんで？」

「それはな、俺は博愛主義者になったのさ、あっはっは」

意味ワカラン。

しかし勉強以外は何とかなっているというところが不思議だ。

高2のときにヤツは修学旅行なるものに出かけた。〝高1海外ホームスティスーツケース事件〟に懲りた母は、今回は誰が何を言おうがゼッテー用意はしてやるものか！　という鉄の決意でパッキングから何から何までご自分でやっていただいた。

「泣け！　困れ！　母のありがたみを知れ！」

帰って来た洗濯物を見て驚いた。たかだか一週間そこらの旅行にジャージの下が5本も入っている。

それなのに上はYシャツが一枚しかなく、それは有り得ない襟ぐりと化していた。しかも全然困らなかったと言い張りやがる。

このころはそう言えばヤツは月曜日は学校に行かなかった。答えは簡単、寝坊だ。起きられなかっただけなのだ。母も仕事があるのでコイツにかまっていられなかったのである。

お休みをいただいた日の翌朝、教室で先生さまがこうおっしゃったと言う。

「おい！　オマエ、昨日はどうした？　昨日は月曜じゃなくて火曜だぞ？　オマエの定休日は月曜のはずだろ？」

息子は胸を張ってこう答えたんだそうな。

「昨日は臨時休業です！」

そんなこんなな学年末試験。絶対に落とせない試験日をこともあろうにバックレやがった。

「ああ、もう留年だわ」と嘆き悲しんだ母だが、諦めきれずに先生さまに電話する。すると先生さまは電話口でこうおっしゃったのだ。

「お母さん、ヤツは単位を計算しているはずです。もし計算間違いをしていてダメならそれもいい勉強です！」

いい勉強とはとてもじゃないけど思えなかったが、奇跡的に進級した。

高3になるとますます訳のわからない行動に走るようになっていた。

「12時間耐久バドミントン大会」とか称して、土日は朝から晩までよその学校の同学年まで巻き込みバドミントンに熱中している。そんなこた、今やらずにチュー坊のときにやってくれ！　と思うが、止める術もあるわけがない。

学校では学校で「思い出作り」と称してクラスでいろんなバカをやっていたらしい。イチイチ挙げるのもバカバカしいが、ひとつだけ挙げてみるならばこんなことがあった。

突然、息子がこう言った。

「俺は夢を実現させるから」

ついにお勉強に目覚めてくださったのか！　と思い小躍りする。

どんな夢なの？　教えて、教えて！

「教室で鍋をやる！」

はい？　どこの大学を目指して何を学んで、どういう職種につくかって夢だよね？

「俺は高校に入ってから、この夢をずっとあったためてきた。明日、いよいよ決行する！」

「はいい――――!?　教室で鍋って、先生に見つかったら退学もんじゃん!?」

と母は叫ぶ。

「退学になってもいい。鍋にはその価値がある！」

そっすか、おバカとこれ以上話しても無駄ですからアタクシはお先に寝ます。

翌朝、息子は大鍋とＩＨ調理器、食材、調味料などを大鞄に詰め込んだ。

「本気だったんだ!?」

「おお、やるぜ！」

進退をかけてまでの勝負。母は非常に気に入ったのと高級ＩＨ調理器を壊されてはかなわないというふたつの思いで、車で学校の近くまで送ってやった（さすがに学校さまの前まで乗りつける勇気はございません）。

きっとコイツを乗せて、朝の海沿いを車でかっ飛ばすのも多分、最後。

いろんなことがあった。

この道はいつか来た道。あ〜あ、そうだよ。学校に行き渋った息子に激昂して無理矢理車に押し込め、学校前に鞄と息子を捨てて来た道だ。ほんの少し前のことのようでもあるし、大昔のことのようにも感じる。

成績が悪かろうがどうしようが子どもが「学校に行く」ということは、さらに欲を掻いて「喜んで行く」ということは、親にとってはこのうえない幸せなのだ。

教室で鍋かぁ……。

（教室ＤＥ鍋は盛況のうちに無事終了し、摘発を免れたらしくお咎《とが》めもなかった。もう時効だろう。母が加勢するなんてごめんね、先生）

高３のいつだったか、息子が急にこう言ったのを思い出す。

「あ〜！　卒業したくねーなー！」

彼の場合「勉強せずにこのままアホなことばっかやっていたい」との願望から出た言葉だと推測され

るが、たとえどういう意味でも子どもがとりあえずこう言ってくれると単純に嬉しい。まったく私って親バカだよな。

**このとき
たこ太は！？**

高校になると、土日に模試とかあるじゃないですか。だから代わりに月曜日を意図的に休んでいたんですよ。僕が風邪で休むことはない！　鍋は小学校からの夢だったんです。だから絶対に実現させてやると思ってました。たまたま肉屋が５割引の特売日だったっていうのも、きっかけになりましたね。計画を綿密に立てて手際よく。焼き肉とかだとばれるんで、しゃぶしゃぶにしたんですが、誰にも知らせなかったですよ、全部ひとりで計画立てて実行しました。友だちも大喜びだったし、達成感ありました！

できないヤツなんていないンすよ

息子が高校に入学してみて気が付いたんだが、学校さまが何もおっしゃらなくなったことに拍子抜けした。数多くの高校生の母と会話を交わすが、その大多数が「高校になったら学校が干渉しない」と証言する。

あれだけ「提出物を出せ！」だの「この成績で高校付いてると思うなよ！」とご指導してくださった学校が沈黙するのである。先生さまが各家庭に恐怖のお電話をしてくださる夕刻6時の電話に怯えなくて済む生活はブラボー！　な開放感だったが、あまりの静けさにかえって心配になるような気分だった。

言われりゃ言われるでムカつき、言われなきゃ言われないで気を揉むというのだから、どれだけワガママなんだ、この親は⁉　…なんだが、もはや義務教育ではないという自己責任の重さを問われているようだった。どの学校も高校生はもう大人として対応しているということの現れだと思う。

息子が高1の後半あたりからか、多分、このころから私はゆっくりではあるが「ダメなんだなぁ、やっぱり本人が自分から動かない限りは何をやらせてもダメなんだなぁ」ということが、頭ではなく感覚として納得できてくるような気がしていた。

親がいくらレールを敷こうとしても、敷けば敷くほど意地になってレールに乗るどころか我が子は反対方向に全力疾走して行くように思える。

いろんなシャワーを浴びさせてどこかで目覚めて欲しいと思えば思うほど、空回りしていく虚しさはあったが、同時に親の言うことを素直に聞く子どもだったら、かえって気持ち悪いかもしれないとも考え、それを慰めにもしていた。

おたまじゃくしだと思っていた息子は見栄えも頭も良いジャンプ力抜群の蛙になるはずが、どういう神のご意志か、かなり変わった蛙のようではあるが、ともかくおたまじゃくしよりは相当蛙に近くなっている。ただ、ジッとしていて、まるでそのまま冬眠しているかのような、変わった蛙。一体蛙はいつ動き出すんだろう…。

蛙を見張っていても、らちが明かないので、私はある夜、友人たちと飲みに出かけた。その店は1テーブルに一人の店員さんが応対につくというシステムで、オバさんテーブルには御年30歳くらいの店員さんが専門に応対してくれた。

私たちはキビキビと接客をするその店員さんに感心していたのだ。聞かれたことには的確に答える、説明は簡潔明瞭、しかも気配りができている。よって客である私たちは大変気持ち良く飲める。気分はパラダイス状態であった。

　オバさん集団は次第に彼がどういう理由で接客が上手なのかということに興味を持っていく。で、私は疑問に思うことは直接本人に聞くタイプなもので聞いてみた。

「あのぉ？　何年くらいやってらっしゃるんで？」

　彼は不躾《ぶしつけ》な質問に笑顔でこう答えた。

「私、中卒資格で入ったんで、もう15年くらいですね、この世界は」

　私は図々しくもオバさん精神丸出しでこう尋ねた。

「この職業は『これっきゃね～！』って思って選んだんですか？」

　彼は笑顔を絶やさずにこう続ける。

「そうですね、私、人と話すのが好きで人と関連した仕事をやってみたいってのはあったんです。で、旅行会社の添乗員がいいかと思ってたんですが、上京してきてバイトの形で勤めだしたのが、ここの見習いだったんですよ。手先も結構器用なほうなんで、料理人ってのもいいなって初めは思っていました。そのうち慣れて来ていろんなことを任されていくようになって、料理も作るし接客もするしって。仕事も自分の目の前のことをただ処理していくだけってことから、段々全体を考えながらって仕事になってきて、今度は店を統括するような立場になったってわけです。まあ合ってたんだと思います。好きですから、この仕事」

　やる気がどうにもこうにも持てないという奴らを、毎日見ているといってもいいような母の集まりだったものだから、俄然《がぜん》興味が湧き、今度はこう質問した。

「マネージャーさんだったらバイトとかも雇ったりするんでしょ？　もう入れたはいいけど、どーにもこーにもダメだコリャっていうヤツも、なかにはいっぱいいるんじゃないの？　何やらしてもコイツはダメだなってヤツが…」

非常に印象的だったのだが、彼は間髪入れずに笑顔でこう言った。

「できないヤツなんていないンすよ」

私たちはびっくりして驚嘆の声をあげた。母たちの誰もが、

「そうですね〜、最近の若いモンのいい加減さってゆーか？」

って類の答えを予想していたのだ。彼は真面目な顔をして、再び言った。

「できないヤツはいません。みんな、やればできます。やろうとするか、しないか、一歩踏み出すか、踏み出さないかだけの差です」

母たちは希望の光を見出したかのように、しかし半信半疑で聞き返す。

「でも、そのやる気がね？　どうやったら出るわけ？」

「本人がやろうと思ったときに必ず」

「でもでも、やろうと思わなかったら？」

もうこうなってくるとただの酔っ払いの禅問答だが、嫌がる素振りも見せずに彼はこう言ったと記憶している。

「自分で自分がわかってきたとき、自分でこういう自分になりたいと思ったとき、好きなものが見つかったとき、そのときは必ずやれると私はそう思います」

その話を聞いた数日後、私は行きつけの美容院にいた。もうこうなって来ると片っ端からインタビューだ。

「ねーねー？　あなたはいつ美容師になろうと思ったの？　なんでなろうと思った？」

イケメン美容師さん（20代後半・チーフさん）はこう言った。

「高校卒業ってのを迎えると進路を考えないといけないじゃないですか？　それで俺は機械いじるのが好きで車関係がいいかなーって思ってたんですよ。でも担任の先生が『車関係っていうのもなかなか大変だぞ。どうだ？　オマエどうせなら手に職をつけること考えないか？』って言ったんですよね。

元々、髪いじるのも好きだったんで、そうか床屋もいいかなって思って。で、最終面談の日にたまたま美容学校の人が学校にパンフを置いてったみたいで、それがたまたま机に乗ってて何となくもらって来て、それで結果そこに入っちゃったんです。

今思うとホントに運命ってゆーか。う〜ん、やっぱ合ってたんですかね？　面白いです、この仕事。最初はできなかったですけどね。全部お客さんに教えてもらってここまで来たって感じです。もちろんスゲー凹《へこ》むこともありますよ。うまくお客さんとコミュニケーション取れなかったとか、しょっちゅうですけど、でも逆にお客さんに満足してもらったときとかはスゲー嬉しくて。やっぱ俺、お客さんに育ててもらったって思います。

俺、今、若いヤツ育ててる立場じゃないですか？　俺、なるべく褒めるようにしてんですよ。やっぱ褒められないと人間ダメなんですよね。みんな最初は誰でも自信ないんすから。

それが上の人とかお客さんに一日に一個だけでも褒められることがあると、それがパワーになってちょっとずつ土台ができんですよね。それからですよ。今度はこうしてみようとか、もうちょっとだけ頑張ってみようとか、そういうエネルギーってゆーんですか？　そんな感じに今日、明日って繋がっていくんですよね。

するとね、俺、思うんですけど狭い自分だけの世界から、ちょっと周りを見渡せるようになるっていうかね、なんか考えて行動できるようになるっつーか、そんな感じに回っていけるようになるんですよね。新人とかとくに成長すんの早いナーって思いますもん。できないヤツなんていないンすよ」

そうなのか、そうなのかなぁ。信じたい「できないヤツなんかいない」ってことを。

いつかは我が子が自分で気付き、自分の道を歩み出すことを信じたいが、それがいつなのかがわからないから待てない母は悩むんだ。

例えばここが分かれ道の分岐点であって我が子が回り道の方向に行こうとしても、もしくはそこでそのまま寝転んでしまったとしても、いつかは一人の社会人としてしっかりと歩んでいけるのだという保証があればいいのにね。それがないから母は急《せ》く。どうにかしようとして深みにはまる。

蛙を24時間365日見張って怒るくらいで、どうにかなるならやってもみる気になるというものだが、そんなことじゃどうにもならないことを経験上知っている。そうかと言って甘やかせばつけ上がる。子育てのさじ加減が一層難しくなってきた。

「できないヤツなんていない」

それが真実ならば保証が欲しい。「絶対、大丈夫なんだよ」という保証が欲しい。そしたら何も言わずに見守れるのにね。

母は腹を据えて我が子が自力で動き出すのを待つしかないのだろうか。お願い、誰かそれが何月何日の何時何分に動き出すのか教えて欲しい。

壁

反抗期というものは「この世のすべてにムカつく」ということらしい。

親にムカつき、教師にムカつき、勉強にムカつき、今夜のメニューにムカつき、天気にムカつく。歩いている人は全員馬鹿で、友人すらアホに思え、この世のすべてに意味がないと思い込む。そのくせ始末が悪いことに、自身のプライドだけはやたらに高いときている。

息子は14、15歳のころ、なにかにつけよくこう言っていた。

「あ～、めんどくせー！　めんどくせー！　息すんのもめんどくせー！」

あったま来たのでこう言ってやった。

「じゃあ息すんの止めれば？」

息子はイケシャーシャーとこう抜かす。

「息すんのを止めるのもめんどくせー」

ブッ叩いてやろうかと思うが、手が痛くなりそうだから止めた。こういう時期は本当に親子バトルが増える。

親は社会のルールに則って動いているから、子どもが人さまにご迷惑をかけようものなら烈火のごとくに怒る。大事なプリントを出さないのも、英検の申し込みも忘れるのも、歯医者の予約をスッポかすのも許せなくて、ものすごい勢いで怒る。

こんなに怒っているのに、まったく聞いちゃいないような子どもの態度にまたブチキレる。周りはどうかと見渡せば、みんな似たような状況だ。

「わかる！　家も一緒。部活の上下関係でもまれて痛い目に遭え！　って思っていたのに、成績不振で部活停止に追い込まれたし、まったくうまくいかない！」

「友だちとどこかに懸命に遊びに行くような様子もなく、何をやってる様子もない。何もしないで青春終わらせる気ですか？　って聞きたいよ。夏休みだってどこにも行かないの。映画観たり、海行ったり何かあるべ？　って思うじゃん？　で、息子に聞いたわよ。『友だちとどっか行く約束しないの？』って。そしたら息子が『誰誘っても〝めんどくせ〜〟って言うんだよ』って。だからさ、つい『そんな友だちと一緒にいて楽しい？』って聞いちゃったわよ。『う〜ん、悪いヤツらじゃないし、安心するんだよね〜』だって。

こんなの友人関係として成り立ってないだろうって思うのは私が過保護なの？」

「この年ごろは〝メンドクサイ〟ことばっかだよね。何をするにも〝面倒くさい〟。自分の好きなことにはものすごく力入れるくせにさ。英検? 我が家は一回も受けたことがございませんわよ。中込書はいつも息子の部屋の片隅にグチャグチャになって落ちてます。

『先生に何も言われないの?』って聞いたら『ほかにも受けてないヤツいるし』よ。中3にもなっているんかい、そんなヤツって思うけど、きっと同じ輩《やから》なんだよね。類友ってやつ。親なんかより他人の言葉が効くんだろうけど、だからと言って誰に頼んだらいいんだか…。ああもう、いい友だちができるのを祈るのみなんて神頼みじゃん!」

「あ~、私立入れて間違えた! 家も夏休み中ずっと家にいた~! もう泣きそう、あたしが。6年間受験に中断されずに濃い学園生活を送って欲しくて私立に入れたのに、夏休み中、家の前を地元中に行った見慣れた顔が真っ黒に日焼けして通るのを見るたびに間違ったか⁉ ってつくづく思ったもん。15歳の夏を家でゴロゴロ、ゴロゴロ…」

この年ごろを持つ母集団の集まりは「わかるよ、わかる!」の慰め合いである。

子どもとの間にものすごく大きな壁が立ちはだかっているかのようなのだ。壁と言えば、この年ごろはよく壁に穴を開ける。エネルギーを持て余すらしく、その矛先を壁に向けるようなのだ。

新築のお宅にお邪魔したときに見たものは、リビングの床から3センチの高さに貼られている不自然なカレンダー。めくると直径15センチくらいの大きな穴が開いていた。

16歳の息子が蹴ったのだと言ってその母は猛烈に怒っていた。ご多分に漏れず家にも穴が開いた。息子の部屋の壁である。

容疑者Tは「別に意味はねっけど、軽くガンってやったらゴンって感じ?」と自白する。
「ガン・ゴン・バタン」てか⁉　意味がないならやるんじゃねー！
まあ家の壁なら修理するなり隠すなりでどうとでもなるが、子どもとの心の壁はいかんともしがたい。どういう気持ちなのかが皆目見当がつかないからだ。
きっと自分だって遠い昔はそういう気持ちになっていたんだろうが、あまりに遠くて思い出せない。この「見ない、聞かない、しゃべらない」とでもいう、おめ〜は日光の猿か！　と思えるような子どもの態度にほとほと悩む。「しゃべらない」のだから、子どものことをわかろうにも言葉が今ひとつ通じないようなもどかしさがあるのだ。
先ごろ息子から気に入っているというこんな歌を教えてもらった。
403《よんまるさん》が歌う「HATE」という曲だ。歌詞にはこうある（一部抜粋）。
「今日もまた、俺は薄暗い部屋でアニメを見ながら腐ってる
ガミガミうるさい親は　ぶん殴ってやったらそれっきり何も言わなくなった
猫なで声で俺の顔色を伺いながら心の底でビクついてやがる
イライラするんだよ…そんなことされると！
もう放っといてくれ！
『できない』んじゃない。『やらない』だけ
そう自分に言い聞かせて、今まで生きてきた

本気を出して、自分がたいしてなにもできない人間だと実感することが怖かった
だから本気になってガンバってる奴らが羨ましくて悔しくて
俺はそいつを憎み、誹謗中傷することでしか自分を保てなかった
そうすることで、そいつらよりも偉くなった気がするから（中略）
俺に何ができるって言うんだ？
わからない…だから俺はすべてが憎い（中略）
しかし俺が本当に憎いのは俺なんだ
俺は俺を憎むことでこの憎き状況から抜け出してやるんだ
さぁ行こうぜ俺！　壁を壊しにさ」
聴かせてもらって、こう思った。そうだよなぁ、こんな感じなんだなぁと。
きっと息子たちが好き好んで自ら壁を作っているわけではなくて、目の前に気が付いたら大きな壁が立ち塞がっていて、自分ではどうすることもできずに立ちすくんでいるような時期なのかもしれない。子ども自身が壁を壊そうとしない限りはピクリともしない。自宅の壁を壊して回るのもひょっとしたらその予行演習なのかもしれない。
母の脳内メーカーは子どもだらけだというのに、それがかえって子どもの神経を逆なでしてイラッと来させる、母はそれを目にして心底ムカつくという悪循環。
この悪循環を断ち切りたくて、どうにかしたくて、こちら側から壁をガンガン叩く。

壁にタオルを打ち付けて号泣したり、塾に否応なしに突っ込んでみたり、向こうが欲してもないカードを切ってみたり、なんという無駄な骨折り。壁は高くて堅くてどうにもならない。その壁は母がたとえドリルでもって、こちら側から穴を開けようとどんなに頑張ってみても、決して開通はしないんだろう。かえって余計なことをしたのだという後悔で脱力感だけが増していく。

そんなころ、息子にとっては中高生活最後の文化祭があった。こっそり見に行った。

彼は6年間飽きもせず学級委員会に所属し、最後は委員長だったはずだが（アッ、断っておくが人望厚き推薦ではなく、あの学校はたいてい何でも立候補である）、この委員会は祭りの受付を業務にしている。責任者としてコイツが最後をどう仕切るのかを見たくて学校に行ったのだ。受付で声を張り上げる息子を見た。

「ようこそ！」

「パンフレットはこちらです！」

「いらっしゃいませ！」

盗み撮りのように遠くからビデオを望遠にして回す。ヤバイ、気付かれた。威嚇されるかと思ったが、彼はそのまま変わらぬトーンで職務を続けた。

なんだ、やってんじゃん。

女の子が来ると余計にスマイル。

なんだ、マトモじゃん。

家にいる人間とは別人格に思える。子どもが殻に引きこもっても、すべてにイライラしているように見えても、自堕落《じだらく》な暮らしぶりにしか思えなくても、子どもは何も考えていないわけではないのかもしれない。

きっと子ども自身が壁を壊そうと行動を起こすまでには、母にとっては途方もない時間が流れるのだろう。母が感じるその時間がなるべく短いことを祈るしかないか。

月曜日に有給取ろうが、勉強なんかそっちのけだろうが、彼は彼なりに学園生活を楽しんでいるのかな。それならば望むところで、母の思い描いた充実した学園生活とはイメージが大分違うが、本人がいいならそれでいい。

「待とう」「待てない」「待とう」「待てない」の花占いはきっともうしばらくは続くのかな。

あ~、私も同じところをグルグルグルグル回っている。懲りないのは子どもではなくむしろ私のほうなのだ。

祭り

ある日の朝早く、絶叫したかのような声で友人から電話がかかってきた。

「りんこー‼　大変なの、大変なの‼」

パニックになってどうしていいのかわからないという状態のようだった。

「ジン（長男・私立中3）が学校掲示板で名指しされてる‼」

なんだ、そんなことか、もっと命にかかわることかと…とのんびりした声を出したら怒られた。

「何よ、そんなことって！　他人事《ひと》だと思って！　一大事なのよ‼」

わかった、わかった。わかったから、とりあえず落ち着いて。今、見るから。

これ？　別に悪口じゃないじゃん？

「これからドンドンひどくなって〝祭り〟になったらどうしよう〜〜⁉　ジンには言わないほうがいいよね？　ショックで寝込むよね？　ああ、どうしよう、どうしよう…」

じゃあ、ひどくなったら削除依頼かけるとかの方法を考えよう。見るなって言っても、どうせ見ちゃうんだろうから、今日はパソコンのお守《も》りをしてれば？　そう言って取りあえず電話を切る。

最近はホントに多い。大掲示板しかり、学校裏サイトしかり、各人のブログしかり、何かと言えば匿名をいいことに悪質な書き込みが続き異様な盛り上がりを呈す。

経験のない人にはわからないだろうが、本当に傷付くし何より怖い。まあそれを狙っているのだろうが、その狙いがそもそもどうなの？　とも思うし、やられる側も傷付くが、やっている当人の心を知らず知らずのうちに蝕《むしば》んでいくような気がして、つくづく言葉というものは諸刃の剣だと感じる。

幸いジン君はそのまま何の書き込みもされずに一件落着となったが、後日、ランチ会の席でジンママが言った。

「あの時はもうホントにどうしていいかわからなくて血の気が引いたよ！」

同席していた母たちが口々に言う。

「や～ね～？　ジンママ、そんなことでイチイチ血の気が引いてたら血なんかすぐなくなるよ？　家なんか、どんだけ祭られたことか…」

「ええ――？　コーキも!?　やっだぁ、家もよ。こないだは祭られたどころか炎上よ！」

とカズヤ母。

「ええ――――!?　りんこならわかるけど一般人のコーキとカズヤまで!?　そうなんだ、なんだ、今や、よくある話なのね～？　ああ、よかった!!」

おいっ！　ジンママ、なんだ、その言い方、なんか棘ないか!?

しかし悲しいことだが、ネットの悪意のある書き込みはよくある話になってしまった。ノイローゼになってしまう人も続出で、ある母は一日中とある学校掲示板の削除依頼をかけ続け、毎日チェックすることを欠かさないし、またある母は子どもの学校部活の〝母の会〟で出回るチェーンメールのその母自身の悪口に心底参っていた。両人共、泣く子も黙る超トップ校である。

子ども同士であるならばともかく、分別あるはずの大人までもが罠をしかけていくことにやるせなさを感じる。

私自身は見知らぬ人からこんな質問を受けたり、書き込みをされることがある。

「お子さんが（母自身にネタにされ出版なんて）可哀想じゃないですか？」

う〜ん、正直に言ってしまえばいろんな人がいて、いろんな反応があるので、それが子どもにどう影響するのかがわからずに躊躇《ちゆうちょ》する気持ちがないといえば嘘になる。

そうなのかなぁ、母としてあるまじき行為なのかな？　と気持ちが沈むことも一度や二度ではない。

HP上に中学受験を書いたのは単純にその経験が面白かったからである。辛くて逃げたくていろんなことに不信感を持って、自分が嫌いになって、それでも信じた道をジタバタしながら歩んだ1年半が面白かったのだ。充実していたと今でも思う。息子には息子の中学受験物語があったし、娘には娘の中学受験物語があった。それは今でも家族のなかでちょくちょく話題になるほどの強烈な思い出となって残っている。その選択に思うところは多々あれども後悔はない。私は一生懸命だった。一生懸命な姿というのは傍で見るとかなり滑稽《こっけい》で笑えるものだ。そんな自分を残しておきたかった。

出版化はその延長線上なので、HP上であろうがブログであろうが書籍であろうが、公に向かって発信しているということにそんなに変わりはない。

ただ私はできればプロの書き手でありたいと願っていたので書籍化は夢だった。

しかし、それでも出版化の話は迷った。

息子が少しでも嫌なら止めよう。家族が少しでも躊躇するなら止めよう。親族が1人でも反対するなら止めよう。登場してくれる人たちが1人でもNGを出すなら止めよう。

そう思った。

しかし、反対する人は誰一人おらず（はなから反対を諦めた人もいるかもしれません、ごめんなさい）父に至っては「人生は打たれる杭になってナンボ！　正々堂々しっかりやんなさい」と背中を押してくれた（お父さん、あのときはありがとう。病の床にいるけれど早く良くなって長生きしてください）。

肝心要の息子は当時中2になる直前であったが、こう言った。

「やれよ！　俺は全然、平気だから。心配すんな。本出すの、夢だったんだろ？　40過ぎて夢叶えるなんてスゲーじゃん？　やれよ、絶対！」

ダンナと娘はこんなことを言っていた。

「（本に）出番が少ない！　不満だ！　もっと自分らのことも書け！」

そんな訳で私は踏み切った。

踏み切ったはいいが〝祭り〟になるたびに気持ちは揺らぎ、当の本人が元気をなくすと、よもやこのせいでは？　と怯えた。

息子にはこれまで何度も聞いてみた。半年に1回は聞いたと思う。

「嫌じゃなかった？」もしくは「嫌な思いはしていない？」

口数が極端に少ないときでも、こう言っていた。

「ばーか！　嫌じゃないって言ってんだろ！　だし、こんな本、だーれも読まねっつーの！」

確か中3のときだったと記憶するが珍しく自分から話しかけてくれたことがあった。

「今日、後輩が『もしかしてたこ太って先輩ですか？』って言ってきた」

「それで？　何て返事したの？」と私。

「『だとしたら、どうする？』って言ったら、答えに困ってどっか行っちゃった」

と、かなりおかしそうに思い出し笑いをしている。

彼はこの件に関しては学校からは放置プレーであったし、本当のところはどうだったのかはわからないが、同級生が話題にすることはほとんどなかったと言っている。「イチイチ憶えてない」そうな。

実際、私自身も校内で先生を含め、よほど親しい母友を除き父兄の誰からもその話題を振られたことはない。本当にいち生徒の1人、いち父兄の1人であった。このことには本当に感謝している。

高2のときだったか文化祭の後夜祭で神輿《みこし》を担いだあと、帰宅した息子の腕を見て驚いた。マジックで大きく「たこ太参上！」と書いてあった。

誰かに書かれたのか？　イジメ？　と一瞬、動揺したが上機嫌で、「自分で書いた！　ノリだよ、ノリ！」と言ったので吹き出した。

そのときの文化祭では小学生の受験希望者に「〝たこ太サイン〟をしてあげようかな？」ともホザいていたので「こんな先輩になっちゃうと縁起悪いから迷惑！」と慌てて止めたものだ。彼は実際、HP上では求めに応じて、見知らぬ受験生に応援メッセージを何度か書いたりしている。

あれは彼が高校何年生のときだったか、一度だけ同級生の頭良男くんに私が直接こう言われたことがある。

「次回作いつ出るんですか？　僕ら楽しみにしてるんです。やっぱ知ってるヤツがモデルで本になってるってスゴイじゃないですか？　頑張って出してください！」

側にいた息子に聞いてみる。

「やっぱ有名？　みんな、知ってるの？」

「当たり前だろうが？　でも、みんな、楽しみにしてるっていうのは本当かもな。いい（話の）ネタだし」

と言って「暇つぶしにね」と笑って見せた。

彼は〝たこ太〟を楽しんでくれたと思う。

ひょっとしたらキツイ体験をさせたのかもしれない。母として最悪なのかもしれない。でも、今、それをも楽しんでくれているように感じられる。私は子どもに恵まれた。

本になって世に出たあとのいろんな出来事を共に喜んでくれている家族がいてくれてありがたいと、心からそう思う。

※祭り…あるひとつの事象に対し、多くのネットサーファー、ウォッチャーが反応してしまう高揚状態のこと（テキスト系用語集より）

このとき たこ太は！？

よく覚えていないけれど、出版は最初はいやだったのかな？　でも今は全然、開き直りというか、どうも思わないですよ。自分が有名人みたいな実感ももちろんないし。母親は編集者は鬼！　だとかよく言っています。だから大変なんだろうなって。たこ太参上！　って書いたのはノリですよ、ノリ。人生楽しいほうがいいじゃないですか。だから、やりたいことがあるなら、やればいいと思うし。僕はスロー＆マイペースなんで、のんびりこれからもやっていきますよ。

恐怖の文理分け

普通高校はどんな学校であろうと高3では文系コースと理系コースに分かれて学ぶのが一般的な慣わしである。

まあどっちでも好きなコースに行けばいいってだけの話なのであるが、問題はどっちも好きではないという子が多数存在してしまうということである。

早い学校で高1、遅くとも高2の秋段階では「キミはどっち行くの〜?」と学校さまが聞いてくる。話を聞くと悲喜こもごもでたいそうおもろい。

たいていの高校では三者面談（先生さまと子どもと保護者が一同に会して先生さまの有り難い説教を食らう15分間。長い者は時間制限なしのエンドレス説教タイムとなり、ひじょーに空気が薄くなるので、ある意味母にとっては命がけなのである）で文理分け選択が決定される。先生さまは事前にこうおっしゃって親の注意喚起を促す。

「面談の席上で親子でもめてる時間はありませんから、ご家庭で十分話し合ってからいらしてください！」

先生もわかっててお人が悪い。大体、この年齢のヤツらと膝を突き合わせて親が会話できるとは思ってないだろうに、そんなことを言われてもである。

友人の息子は面談の席上こう言ったらしい。

「俺は理系で」

当然のごとく話し合いができなかった母は驚く。この数学で理に行くんかい⁉　驚いたのは教師も同じで「オマエ、数学これだぞ?」と諭《さと》したらしい。息子答えて曰《いわ》く。

「でも、先生。俺、古文これっすよ?」

しばし絶句の時間が訪れ、先生さまはこうおっしゃった。

「そうだな…。やむを得ん」

めでたく理系コースに決定した。

「じゃあ理科の科目を決めようか?　オマエ、どれやるの?」

とは先生さま。

「じゃあ俺は生物で！」

先生さまは慌ててこうおっしゃったと聞く。

「オマエ、生物なめてんじゃねっぞ。あれは医薬系の奴らの科目だ。暗記すりゃ楽勝と思ったら大きな間違いだぞ！」

息子は冷静にこう言ったんだそうな。

「先生、でも俺、物理、これっすよ?」

先生さまもう〜んと唸ったきり答えに窮す。

結局、ご本人さまのご希望どおり理系生物コースで決定したらしい。その場で初めて息子の成績を見せられた母は放心状態だったんだそうな。ああ、怖い。

不思議なことに息子が文系を選択するとガッカリする母は多いと聞く。理数に秀でてこそ男！と思うのかもしれないし、理系のほうが「潰しがきく」と考えるのかもしれない。

ある男子校ではこういう話があったという。例年文系クラスの比率が多く7対3くらいになってしまう学校らしいが、次年度の編成も例年どおりにする予定だと発表したんだそうな。

学校主催の文理説明会で母たちが噛み付いた。

「理系希望者が多かったらどうするんです? それじゃあ理系希望者を最初から文転させているようなものじゃないですか！　理系希望が比率7対3ではなく6・5対3・5になったら半分の人数で理系1クラスを増設してくれるのか?」

などとやかましい。学校側がいくら言葉を尽くして、あくまで予定で、クラス編成は希望を募ってから柔軟に対応すると言ってもも理解してもらえず説明会は紛糾したと聞いている。つまりその母たちは学校側に生徒がもっと理系に行けるような実績ないしは指導法を作れと言っているのだ。

私の身近でも面談の席上、息子が「文系」を選択したら「どうして？　どうしてなの？　理にしなさいよ！　理に！」と詰め寄ったという母がいるし、3人も子どもがいるのに全員文系を選択しやがって！　と怒った医者妻もいたから、つくづく子育ては親の思い通りにはいかないものだという思いに至る。私もどっちかと言えばではあるが、できれば息子は理系に行って欲しいなぁと思っていた。別になんでもいいっちゃいいんであるが、理系のほうがイケテル感じがしたのである。

作家東野圭吾さまの作品に出てくる福山雅治さま演じたところの天才物理学者湯川博士がたまらずツボってことである。何を書いているのか凡人にはさっぱり理解不能な謎の文字をガンガン書きまくるところに「きゃ〜♪」と思ってしまう。まあ要するにどんだけアホなんだよ？　自分！　ってことなんだが、そう思ってしまうのも仕方がなかろう。

そういうわけで「理にしなさいよ！　理に」と説得を始めた母の気持ちもよくわかるのだ。

どっちでもいいとは言うものの、一度文理に分かれてしまうと、理転・文転（文系から理系に転ずること、またはその逆）が容易ではないという事実があり、それゆえ運命の分岐点ともいうべき選択を17歳前後で行なわなければならないところに母も迷うのである。

しかしである。母が迷えるうちはまだ夢があって幸せなのだ。

息子の学校では文理希望は本人の選択に任し、クラス編成も柔軟に対応するというものだったが、高3では国公立理系、私立理系、国公立文系、私立文系と分かれて選択科目を受講する。日ごろから息子さんとの仲がすごくいい親御さんか、非常に情報通以外の一般母たちにとっては、もはや何がなんなのかがよくわからず、もう学校さまにお任せ～ってなものである。

ご多分に漏れず私の面談も悲惨だった。事前に息子と話し合うなんてことがまったくできなかったのである。

毎日、とりあえず子どもの顔は見ているのではあるが、何というのか肝心な話は何もできず、「まっ、いっか」と三者面談に臨む。息子は言った。

「(希望は）文でお願いします」

ええーーーーーーー！！！！？？？？

そんなんどっちでもいーやん、子どもの自由でと思っていたはずの私なのに正直うろたえた。だって日本語できないじゃん⁉

（注…だからと言って英語ができるわけじゃないので念のため。念を押す自分が悲しいわ）

ひと言も参加できずにまばたきの回数だけが多くなった私を尻目に、なんか知らんがほかの選択科目も目の前でドンドン決められてアッという間に面談終了。親子で会話をすることもなく、息子は風のように校内に消えた。母ひとり、つむじ風の中に取り残されたかのようだった。

まあ、後日の噂によると「できるできないに関わらず、数学の嫌いな生徒は文系に」、あるいは「できるできないに関わらず、化学が嫌いな生徒は文系に」というご指導があったとかなかったとかで「俺も俺も！」みたいな文系雪崩《なだれ》現象が起こったという話を耳にはしたが、真偽のほどはわからない（実際には少しだけ理系クラスが多い)。

大分経ってから息子に聞いたところ「どっちでもよかったんだが、結局ダイスで決めた」という返事があった。

「人生サイコロ⁉」とムッときたが、つまりどっち転ぼうが勉強が嫌いだってことなのね～と妙に納得したのを覚えている。

いろんな学校の先輩母たちの話を聞くと「理に行ったものの、文系大学のほうが入り易いみたいに勘違いして、高3で文転するも甘くはなく、結局受験は玉砕」だの「私立文系クラスに入ったまでは許せたが、高3で授業は午前終了となり学校から遊びに出かけ、そのまま行方不明。こんなんだったら授業料一緒なんだから学校に残しておいてくれたほうがどんなにいいか！」だの「国立理クラスになったものの、当然科目数が多すぎて話にならず、こんなんだったら最初から私立理に絞っておけばよかった！」だの、結局どっちに行こうが親の不満はあるんだなぁというのが感想だ（まったく不満はないザマス！　とヌケヌケとほざく母もたま～にはいるが、ここでは軽く無視します！）。

結局息子とは文理選択の話し合いもしないままコース分けが決定したわけなのだが、このころから私は「それでいっさ」と思うようになってきた。

大体、高校生にもなっている子どもの将来選択を母があーだこーだ言うのも気色悪いし、何より相当あとになって「アンタがあのとき、こっちだって譲らなかったからだ！　責任取れ！」とか言われても困る。

「アタシは何も言わなかったんだから、自分で責任取れよ、息子！」と言いたい。

背中のターボエンジン

子どもの成績が悪くてサム死にしそうだ（説明しよう！「サム死に」とは寒すぎて凍死寸前ということである。この場合、主語は子どもではなく母になる）。

なんで子どもの成績が悪いくらいで母が凍死寸前に追い込まれにゃならんのか納得いかんが、とかく成績表というものを目にするだけで、気分は一気に氷河期なのである。

とくに中高一貫に子どもを突っ込んだ母にとって「成績」というものは洒落にならない。「なーによ、そんなもん！」と簡単に笑い飛ばせるような代物ではないのである。下手すると学校から引退勧告の引導をわたされかねない。

成績のおよろしい子どもの母は大手を振るって学校にも行けようというものだが、およろしくない場合、学校に行くのは強制出頭というケースが多いので、大手を振るうどころか、母は親指姫（萎縮しすぎて見えなくなる）になってしまう。子どもにとっても試験返却は親の機嫌を損ねる率ができるだけ低くなるように工作しなければならないので大問題である。

最難関校在籍の子どもでも試験結果を親に見せるのに知恵を絞るのだそうだ。

「説教はできるだけ少ないほうが自分としてはいいんで、小出しには絶対せずに全部揃ってから一気に見せます。親のショックは一回ってことで、俺なりの思いやりっすね」

「私は配列に工夫しています。平均点くらいのを最初に持ってきておいて、めくると次にすごい悪いのがあって親の血圧が上がった瞬間、自分的には一番良かった点数を見せる。これってシュミレーション繰り返して、結構大変なんですよ〜、気を遣って」

高偏差値校の頭良し子さんだけあって気働きがすごい。

高偏差値ではないが魅力的な学校に入れてもらえた我が息子。気が付けば押しも押されぬ立派な深海魚になっている。

立派な深海魚というものは海底深くに潜伏しているため動向が見えにくいのであるが、その世界は意外にもヤツらにはヌクヌクした居心地の良い環境であるらしく、まったく堪《こた》える様子がないどころか特進組の生徒に向かって「勉強ばっかしてて可哀想に」(↑たこ太Sa·id)などと「どの口が言ってんじゃい⁉」ってなことまで平気でほざくようになるのだ。「可哀想なのはオマエだよっ！」と声を大にして言いたい。

「健康がなにより」だとか「生きてるだけで丸儲け」だとか「素直が一番」とどんなに慰めを受けようともきれいごとに聞こえてしまう我が身の器の小ささが身に沁みる。

成績が悪いのは、当然のことながら勉強をしないのが悪いのだ。勉強をしないということは努力ができないということだ。そこがたまらず嫌だ。

「そんなこと言ってもさ～、努力するのも才能のうちだからね～」

と友人母に言われたが、おっしゃるとおり！

中堅私立は成績にわざわざ学年順位を付けて返却してくださる学校が多いが、息子の学校もそうであった。ただ、これには欠陥があって単純に200位と明示されているだけなので、果たしてこの下に何人いるのかもわからないのである。学校の思いやりなのだろうが、何人在籍しているなかでの何位なのかがわからないところはいいような悪いような複雑な思いがする。

ある学校の母が期末試験後、電話をかけて来て自慢したことがある。

「りんこ、聞いて！　中間が200人中198位だったのぉ、でも期末はね、188位になったのよ！すごくない？　駅伝だったらゴボウ抜きよね～♪」

素人にはたいして変わり映えしない順位に映るだろうが、甘い。その学校は難関校なので事実上ゴボウ抜きが極めて難しいのである。事情をよっく存じ上げておる私も一緒になって喜んで差し上げた。

しかし数時間後、憔悴しきった声で再び電話をくれた。

「違った…。なんかすごい風邪が流行っていたらしくて欠席者が多かったらしい。実際に試験を受けた子は189人だったんだって。ってことは下がってるやん!?」

これを聞いた私は青くなって息子に試験中に休んだ子は総数何人なのか？　ということをしつこく

詰問し、「知るわけねーだろ！」と怒られたのだ。

大体、こんなアホなことを詰問しなければならないような状況に母を追いこんでおきながら逆ギレするとはなんたることか！　腹の立つ。

もうそのうち、十番前後の変動なんかどうでもよくなって来る。しかしである。ある時、30番ずつ順位が上がったことがあった。定期試験のほかにも実力テストやら何やらで試験を頻繁に行なうせいでもあるが、なんかいい感じで上がっていっていることに気が付いたのだ。もう気分はトレビアーン♪である。

早速、舞い上がって担当編集者に自慢こく。

「おーほほほ、たこ太ちゃんってばお宅のアホ娘と違って30番ずつ上がってるザマスの。この分で30番ずつ上がっていくと卒業までにはトップ30に入るのも夢じゃなくてよ。おーほほほ」

編集者というのはつくづく冷徹な職種である。

「すごいとは思うけど、定期考査って（卒業までに）あと何回あるの？」

順位が、残りの定期考査と実力試験の回数ごとに30番ずつ上がっていっても、トップ層には全然届かなかった…。かなひぃ。

しかもやっと火が点いてこれから爆裂街道まっしぐらと思っていたのに次回のテストで見事に鎮火。元の木阿弥《もくあみ》どころかさらにひどくなってしまう有様。

このころから私はいろんな高校の先生さまを捕まえては「いつ気が付くようになるのか？　着火は

いつか?」というようなことをしぶとく聞いて回った。

先生方はどの方も豪快にこうおっしゃった。

「大丈夫ですよ！　高校に入ったら自然とそうなります」

「大丈夫ですよ！　高2になれば否応なく気が付きます」

「大丈夫ですよ！　高3になれば誰でも着火します」

聞くたびに、こちらの学年が上がるせいか微妙にデッドラインも上がっている。しっかし私はどうにも引っかかるものを感じていた。

「この台詞、どっかで聞いたことがある！」

そうだ、思い出した。中学受験で塾のエライさんが繰り返し言ってた言葉だ。

「6年になれば」

「天王山を迎えれば」

「秋からが勝負」

「何を言っているんです、冬のこの直前の時期からが本当の勝負！」

悪夢だ。他人事だと思って、先生たちってテキトーなんじゃないのぉ?

うそつき、うそつき!!　全然、着火しないじゃない!!

悲しすぎたのでやさしい友だちを見つけ出してグジュグジュ愚痴を垂れた。

「仕方ないよ、りんこ。普通の一貫校の子たちはココぞってとき用に背中にターボエンジンが付いているんだろうけど、家の子たちはさ、エンジン湿ってるから着火しないんだよ。

最近は待てよ？　コイツ、ターボエンジンをそもそも背負ってないかもって思うようになってきた。

『そう言えばなんか機械背負ってたけど、重いから捨てた』とか平気で言いそうじゃない？」

ええ――――？？？　やっぱ、捨てたんだ⁉

大学に行くだけが人生ではないが、働くことも嫌、勉強するのも嫌、何もしたくないという状況ではお先真っ暗ではないか⁉　心配でたまらない。

そんな折り、再びテスト結果が返って来た。なぜか学年順位が二桁になっている。

「こ、これは夢ではないのか⁉　コイツが二桁台？　キターーーーーーーーッ！！！」

息子が冷静にこう言った。

「母親、落ち着け。これは文系順位だ」

つまり学年総人数から理系の方々を大量に差し引いた後の人数であり、しかも丁度二桁くらいしか受けていないらしい。あんだとー⁉　詰まるところ同じだってことやねん！

「ぬか喜びさせやがって！　大体、オメ～が勉強しないから母が先生さまに叱られて、云々カンヌン。一体全体誰のせいだと思ってやがる⁉」

息子は悪びれもせずにこう言った。

「人のせいにするとは何ごとだ！」

あ～、ムカつく。こういうことが続くとヤケ食いに走るので、ムカついてるところに胸焼けまでしてくる。

世間では「最低でもマーチ」とか「新御三家入ったんだから早慶以上じゃないと恥ずかしい」とか、さらにすごくなると「東大か東工大じゃなきゃ嫌だぁ♪」と子どもにおねだり？　するような母もいるというのに、どんなレベルだ…。

ヤケ食いに付き合ってもらったときに友人はこう言った。

「でもさ～、りんこ、良かったじゃん？　たこ太の出来が悪いから、アンタ、本出せるんでしょ？　出来が良かったらそんな経験もできなかったんだから、この際（出来の悪さを）ありがたいと思えばどうなのよ？」

だから、あたしゃ、頭良し子が好きだって昔から言ってるだろーがよぉ！　ホントに人生って思うようにはいかないもんだ。

夢追い人

お国は成人年齢を18歳に引き下げようか考え中だそうだが、現在反抗期の子を抱えている私の周りの母たちからは「18歳成人」は評判がすこぶる悪い。

「国民年金を2年前倒しして親からふんだくろうっていう国の陰謀」

「センター試験と（成人式が）かぶんじゃん!?」

「成人とは自分で稼いで飯食えるようになってからじゃ、ボケ！」

「無理！〝ゆとり〟（世代）のヤツらに大人は無理！」

私はむしろ「30歳成人」が順当なのではないかとすら思っている。

今や人生80年時代である。織田信長の「人生50年」は戦前でおしまい。ゆえに平均寿命が50年だったときの成人年齢20歳という数字をそのまま引っ張るのではなく、平均寿命の延びに比例し、事実上30歳が成人年齢になっているのではないかと勘ぐってしまう。

親たちにとっても「30歳までにどうにかなればそれでいいよ法」が成立してくれたら、もっと余裕ある子育てになるのではとまで思うのだ（親の経済的負担感は計り知れないが）。

人生の長さは百年前の倍近くの長さになったというのに、どうしてこんなに先を急いているのだろう。今は世の流れで早ければ小学生から、多くは中学生になると地域のいろいろな職種の人々に協力してもらい「職場体験」なるものを実施している学校が多い。子どもたちに早くから働くという具体的イメージを掴んでもらうためでもあるし、できるだけ早くにやりたいことを見つけさせようという試みでもある。

忙しい世の中では子どもでさえもほっといてはもらえない。ああしろ、こうしろと言われ続け、まだ子どもだとか、もう大人だとか、同じ口から時を同じくして言われてしまう。

「やりたいことを見つけなさい」と大人は一見寛大そうな態度で言い渡す。けれどもやりたいことって10代のうちに、そんなに簡単に見つかるものなんだろうか。見つかる子どもは間違いなく幸せだ。しかし百人が百人、本当にやりたいことを見つけて、それに向かってエンジンをかけるなんてことはありえないと思うのだ。

もしかしたら今の若者と呼ばれる子たちは少し前の私たちの子ども時代よりも、ものすごく苦しい状態にあるのかもしれない。急かされている子どもたちは「夢がない」ということに罪悪感を感じているかのように、その未来からも目をそらす。

マーチと呼ばれる大学のひとつに通っている大学生♂はこう言った。

「高校生のとき、されて嫌な質問NO.1は『将来何になりたいの?』でした。学校や予備校では『夢を持てよ! 将来なりたい職業決めろよ! そうすりゃ勉強に身が入るぞ!』ってなことを繰り返し言われるんですが、『そんなこと言ったたって見つかんねーもんは見つかんねーよ!!』という風な具合で、もうストレスたまりまくり(笑)。

そんなときに家の親父が『そんなちっちぇことでウダウダしてんじゃねぇ! 大学や学科ぐらいで人生なんか決まんねぇよ。夢なんざ大学行ってから決めてやるぐらいのでっかい気持ちでいろ!』って僕に言ったんです。気持ちが急に楽になりましたね…」

彼は続けてこう言った。

「親でも教師でも友人でも、どうせ何を言ってもけなされると思うともう言いません。受け流すってことが10代はなかなかできないんですよ。認められたと思ったときに初めて前に進めるような気がするもので、ちっちゃいことでもそれが一つ一つ自信になっていくんだと思います。だから早く早くって言わないで欲しいんです。余計考えられなくなっちゃうんで。僕は今、悩んでいることがむしろ楽しいと、やっと思えるようになってきました」

ああ、耳が痛い。アタクシ、息子に言ってはならないまさかの言葉かけ! しかも連続攻撃。

息子が高2のときだったが、突然「役者になりたい」と言ったことがあった。当時の私は「夢を持て」と確かに言った。しかしイザこう言われると「夢を見るな」と潰そうとしてしまうのだ。この自己矛盾には我ながら辟易《へきえき》する。少し悩んだ挙句、本気なら仕方ないと応援することにした。しかし舌の根が乾かないうちに彼はこう言い出した。

「進路のことで話がある。でも、これはアンタら（両親のこと）が望む道じゃねっけどな。俺は専門（学校）に行く！」

ええ――――⁉ と思ったのは私である。やっぱり自分のなかではきれいごとをナンノカノ言おうが「息子は大卒」という「常識」があって、それ以外の選択を心から喜べないのである。

中高一貫に行ったのだから人が聞けば「聞いたことある」くらいの大学を出るのが「当たり前」だという意識がどうしても抜けない。「キミはキミの道を行け！」なんて偉そうに宣言していてもやはり何でもOK！ という発想には至らない。それで余計に母は凹む。

ダンナは意外と冷静にこう言った。

「わかった、何の専門だ？」

息子が「菓子」と答えたので私は素っ頓狂な声を出したのだ。

「オメ〜、甘いもの、そんな好きじゃないじゃん⁉」

今まで菓子作りをしたこともない、有名店を求めて食べ歩きをすることもない状況で何を言っているのだろうか？ と呆れたを通り越して笑いが出る始末だ。父であるダンナは続けてこう言った。

「本気でやりたいなら応援する。その道は（修業が）かなり厳しいと思うけど本気ならそれでいい。ただお父さんの考えは言っておくな。大学に行くのは（人生の）選択肢が増えるってことだ。全国からいろんなヤツが集まってきて、いろんなことやってるうちに世界が高校生の今よりもずっとずっと広がる。選択肢がたくさんあるほうが人生は楽しい。それだけだ」

時間にして30秒。

息子は「おやぢから、そういう話を聞いたのは初めてだな。ちょっと刺さった」とだけ言ってリビングから消えた。

中高生が進路に悩むのは当たり前であって、二転三転を繰り返し、まだ転がるという状態が普通なんだと思う。

男子であれば、この進路を決める時期に唐突に「専門学校」を挙げる子は非常に多い。何も考えずにただ言ってみたってケースが大半なので、揺れる年ごろなんだろう。

周囲で専門学校に進学した子の例を見ると「これになりたい！」という強い決意を持って進んでいるので、やはり「決断」ができる子は心配が少ないようで羨ましく感じる。

女の子であれば「アイドル」→「漫画家」→「声優」→「ダンス」→「お笑い芸人」という具合に目まぐるしく変わる。まあ通る道なのだ。

知り合いの編集者のお嬢さん（私立高1）は真剣にこう悩んでいるらしい。

「NSC（吉本のお笑いスクール）に入りたい！　でもママ、私、顔がブサイクじゃないから（特待になれずに）お金がかかるの。（学費がかかるけど）ごめんね」

見るもの、聞くもの、興味が出るんだろうが、それが学校の教科とはまったく関係ないってところが親の悩みの種である。

その編集者も相当悩んでいて、娘が自らのブログとネタ作りに多忙を極め、勉強はまるでやらないと言ってはすぐキレる。

あるとき、中間テストで撃沈した娘が泣きながらこう言ったという。

「もうすごい反省した。これからはやる！　これからは私の目の色が違うから目を見てみて！」

そう言ったはずなのに、期末はもっと酷かったというオチがつく。なんだ、ちゃんとNSC向きじゃんか!?　他人《ひと》の子だと寛容になれんのにね、親だとダメだね…。

その娘さんが中3のときだったが、携帯はいくら言っても自室に持って行くし「(勉強)してる、してる、わかってる！」と言いながらも勉強を一切やらない状態に、これはいくらなんでも酷いだろうということに夫婦で意見が一致したそうだ。

これからがすごい。娘の目を覚まさせるために両親のどっちかが死ぬことにしたんだそうな。もうどっちかの親が余命いくばくもない不治の病になるしかない、病気で苦しむ姿を娘に見せる。死んで娘の目を覚まさせるしかないという話し合いである。

「で、当然、死ぬのはダンナってことになったの♪」

織田信長の重臣、平手政秀の諌死《かんし》作戦を彷彿《ほうふつ》とするような美談だが私は思う。ダンナが死んでも信長のようにはいかないと思うから、やめとけ。

編集者はまたこうも言う。

「勉強しないけど、学校も楽しい、友だちも大好きって言って通うから『まあいいか』とも思う。有言不実行でさ、裏切られ続けてるけど、やっぱり最後は信じてみようって思うのよね。あの子ならきっとやる！　って。親ってつくづく馬鹿だよね…」

そうだ。親は馬鹿なのだ。馬鹿じゃなきゃ、子育てなんてやってらんないよね。

（※「人生五〇年」＝戦国武将織田信長が好んで舞ったとされる能「敦盛」の中の「人生五〇年、下天の内をくらぶれば夢幻のごとくなり」という一説が有名で広まった言葉）

このとき たこ太は！？

何になりたいかなんて、まだ決まっていません。焼鳥屋の店員、菓子職人、肉屋もいいと思ったし、あっ食い物関係ばっかりだな（笑）。陶芸家や宝石屋、役者や農業もいいと思ったことあるし、どっちにしても自分のペースでやれるものがいいなあ。今の自分のことは結構好きです。あとで後悔することがないよう、気ままに生きていきたい。中学受験は結果としてやってよかったと思います。友だちとか環境とか。高校生になってからは、自分の考えも安定してきたように思えるし、楽しいですよ。

かたつむり　そろそろ登れ　富士の山（前編）

子どもが高3になると否が応でも大学受験が目の前にぶら下がり、子どもはどうか知らないが、大学付属中高を敢えて選択しなかった母たちはこうやって嘆き合う。

「わずか6年前は大学付属に突っ込むと我が子は安きに流れて『ここ（系列大学）にしか入れなくなる』と敬遠して、大学がない学校をわざわざ選んだはずが、今はどうよ⁉『ここすら入れない』どころか『ここは絶対無理！』に摩り替わっている！」

こんな未来が待っていようとはと嘆いていてもいまさら仕方がない。母たちは次なる戦略を立てるのだ。

「こんなのが浪人でもしちゃったら大変！　金もかかるけど、コイツの面倒をあと一年余計にみないといけないなんて冗談じゃない！　しかも一年後に受かるとは限らないってとこが、また泣かせる話になるじゃない？　だったらいっそのこと学校推薦で！」

ああ、いいなぁ、学校推薦が山のように来ている学校は。こんなことだったらキリスト教系に突っ込めば、まだ神のご慈悲が望めたかもしれないのに、なんでよりによって無宗教!? 無宗教であっても推薦はあるんだから、どこかに入れそうなもんだが、そこでネックになるのは評定平均。ああ、こういうときにも成績がいい子はいいなぁとヨダレが垂れそうになる。

「評定平均4・0でOKという大学でも結局、英語だけは4・8とかで基準がキツいんですよ」とは学校さま。結局、推薦基準を満たしているような頭良し子さんは推薦を使わずとも自力で入試を突破できる学力を持ち、自力では突破できそうもないから学校推薦を希望する子はそもそも推薦されないという哀しい運命なのだ。同じ授業、同じカリキュラム、同じ教師、同じ学び舎《や》でどうしてここまで差がつくのだろうか…。

じゃあ学校推薦は潔く諦めよう! こうなりゃAOだろう!? 12月上旬には決定しているらしいし、AO入試突破者のなんと親孝行なことか! 予備校冬期講習代、大学入試受験料、諸々が要らないのだ。

「これで軽く50万以上浮いたからいま、教習所に子どもを通わせているわ」とにこやかに微笑む母のなんと朗らかなこと。軽く呪いたくなる。

AO突破で年内に進学先が決定している生徒を横目で見て、「ズルい!」と叫ぶのはたいてい子どもではなく母たちであるから、受験はつくづく人の性格を歪める。

私も美味しい話は大好きなので、息子が高2のときだったか先生さまに恐る恐る切り出した。

「あの〜？　コイツは推薦とか、あの〜AOとかは…？　あの〜ダメでございましょうや？」

先生は豪快な方であったのでこうおっしゃった。

「ぎゃーははは、コイツに推薦は無理！　一般入試あるのみ！　お母さん、男なら逃げずに勝負です！」

勝負って土俵に上がってる子がするもんじゃんよ。土俵に上がんないからそう言ってんのに、もう！と思うが先生が正しい。

AOだって実は簡単ではない。どこの高校であろうと、多くは予備校のAO専門の講義を聴いて対策を立てなければならない。しかも万一残念だったときの潰し（一般入試のこと）がきかないのがネックなのだ。ここで日本語力がない子を持つ母は諦めるのだ。

「コイツに論文は不可能！（しかも、そもそも付帯すべき特記事項がね〜！）」

学校推薦終わった、AO終わった。結局、正々堂々と一般入試かぁ…、ああ、気が重。

学校は繰り返しこう言い続ける。「偏差値やら大学名で進学先を決定するな」と。やりたくない学問を学びに行くことは苦痛以外の何ものでもなく、結局続かないのだと。

大学生の母たちと話をすることが多いが、この説は怖いことに当たっている。親は大学に行きさえすればひと安心と思うのであるが、なんとせっかく入学したのに不登校になったり、他大受け直しを決めたりという学生も少なからずいるのだということに驚く。

「そんなことになったらハナカラ浪人のがよっぽどいいわよ！　仮面入学で来年受け直しなんて金が二重にかかるわ、子どもが苦しんでるのを身近で見ないといけないわで地獄よ！」

いろんなアドバイスがあるもんだと身震いする。しかし、私はこんなにアドバイスを聞いていたのに、いざ我が身となるととんでもない間違いを起こしてしまう。

家にとっては喉から手が出るような大学さまの学内推薦があり、なんと成績不問というのだ。ここっきゃねーっ！

早速、息子を説得する。

「ここさダメ元で出すだ！」

これが中学受験とは決定的に違うところだと身に沁みて思ったが、息子は頷《うなづ》くどころか冷静に母を諭す始末。

「行きたくもない学部に行ってどうする？」

ここらが、私が一般ピーポーではないウルトラ級だという証拠なのであるが、私は息子にこう言ったのだ。

「贅沢言ってられる身分か！　テメ～を学部に合わせろ！」

……ごめんなさい、反省してます。

高3は瞬く間に月日が流れるような気がする。学校行事もなく、部活も引退の身の上となると子どもが外で何をしているのかはまったく不明、家に居てもちゃんと勉強してるのかどうなのかも定かでないという日々が続く。

我が子は相変わらずヘラヘラしていて何を考えているのかさっぱりわからない。怒りたいんだが、何をどう怒っていいのかもわからないし、「大丈夫なんでしょうね？」と突っ込みを入れるのが精一杯という状態であった。

結局、同学年の母たちと愚痴愚痴言い合う。仲良しはこう言った。

「私の今の口癖、知ってる？『もう寝るの？』よ。気が付けば息子は10時には寝てる。ありえないでしょ、普通？朝早く起きてやってるって？そんなことある訳ないじゃない？私が起してるわよ、毎日！」

何を考え、どう動こうとしているのかを言ってくれれば、こっちとしても対処の仕方があるというものの、何の反応もなく、やる気も見えずという中で接する母は戸惑うばかりだ。

この母と私は、息子高3時にある誓いを立てた。

「もうさ、お互いアレコレ息子に言うのはやめよう！母の口にはチャックね。もう私たちは一生分言ってきたから。でも全然いい方向には行っていないとこを見ると、きっと言いすぎなんだね。ほっとけないけど、ほっとこう。絶対言うのをやめようね」

これは意外と我が身にキツい。今まで言って言って言いまくっていたのだ。言わないという選択は正直辛い。

これに加え、私は中3のときの寺小屋騒ぎに懲りて、もう絶対、自分から予備校なり塾なりに行くと言わない限りは行かせるのは意地でもやめようと心に誓ったが、ほとんどの高3生（たとえどんなトップ高であっても、そうでもないところであっても）が予備校に通うという常識があると気が気でない。

いよいよ夏明けから通うと息子が言ったときには、思わず担当編集者に電話で自慢したくらいだ。

「おーほほほ、家のお坊ちゃま、ついに予備校さまに行き始めましたのぉ♪」

「予備校に行っただけで、こんなに喜ぶ親は日本広しと言えどりんこくらいね」と冷笑されたが、アンタの愛娘だって予備校に行くと言って金を払い込んだものの、気が付けば主要科目以外の全然関係ない授業を取ってたというオチだったじゃん⁉　と対抗する（レベル低っ）。

しかし、やはりと言うか、悪夢再来になってしまった。

予備校から散々「センタープレ模試を受けやがれ！」という督促が入る。

「何やってんだ⁉」と思うが息子はどこ吹く風で聞いちゃない。そうこうするうちに秋も深まり、受験校決定という段階になる。予備校は相変わらず「センタープレ模試受けやがれ！」と声をかけ続けてくれている。またまたそうこうするうちについに調査書希望校提出日がやってきてしまう。

調査書というのは大学受験のときに願書に必ず添付する出身高校が提出する書類であり、多くの高校は有料である。急に用意ができないので、年内には受験校を決定し、学校に何通要るかを提出しなければならないのだ。

友人たちは口を揃えてこう言った。

「もうプレ模試受けるより、センター本番受けたほうが早くね？」

まったくそのとおり！　と思いながらも、受験校決定はもう目前まで来ており、進学希望にはなったようだと思いながらも、何を目指してどこを狙っているのかも、この時点でもまったく話そうとはせず、息子のガードは固かった。

かたつむり　そろそろ登れ富士の山〔後編〕

今の大学入試は素人にはとっても複雑に思える。

国立大学に前期入試と後期入試があるのはわかる。そのためにセンター試験を受けるのもわかる。その次にセンター利用の私立大学がある。センター試験の結果のみで合格させてくれるという画期的システムだが、二次試験を課さないので、当然ハードルは相当高い。

しかもムカつくことにセンター試験日よりも前に願書締切日を設定している私大が多いので「センターやってもうた！」になると、その願書の金はそのまま目の前をどんぶらこっこと流れていくことになるのだ。

それに加え全学部統一入試という複数学部を有する私立大学が学部学科別に設定した試験日程とは別に用意してくださっているものがある。中学受験の複数回入試に近いが、これもセンター入試同様、門戸は狭いらしい。要は少子化なので一人から何度も受験料をぼったくろうという大学側の苦肉の策と見ている。そしていわゆる普通の学部学科別入試があるわけだ。

こんな感じだから願書もA方式だのB方式だのC方式だのナントカ日程だのでこんがらがって素人にはまったくわかりません！　のお手上げ状態だ。

中学入試ではないので親の出番はあまりなく、子どもが勝手に願書を書き、勝手に出すというケースが多いだろうから、親の仕事は受験料を用意することくらいしかない。

楽と言えば楽だが、ちゃんと我が子は書けるのだろうかとも気を揉むので、出願だけでも結構疲れるものなのだ。

息子はほぼ全員が大学進学を希望している高校にいるせいか、30秒で菓子職人は辞め、「大学受験ってのを俺もするんかいな？」ってな、波にのまれたらしい。

一丁前に希望校を提出し、願書を入手してきた。その大学の何がどう気に入って出願しているのかも今もってわからない。

ただどんなに「そこよりこっちは？」と勧めようが「こっちで受けたほうがまだ可能性があるのでは？」という親の言うことには一切聞く耳を持たない。

出願学部学科に統一性があるのを見て、おぼろげながら「こういう道に進みたいのかな？」と想像する程度でまったくその心情はわからない。

一度だけ「ナントカ教授が好きでその講義を受けたい」というようなことを口走ったことがあったので「そうかいな」と返事をしたような覚えがあるが、どのくらい本気なのかもわからないのだ（そもそもその教授をアタシ、知らねっし…)。

いま現在、センター試験が終わったところである。

想像どおり「やっちまったなぁ!」になっている。春は途方もなく遠い気もするし、ひょっとしたらの大学生かもしれない。

私の性格上「たこ太はここに決まったよ」と言いたいところなのだが、大学受験は長丁場過ぎて3月下旬まで実際結果が出ない。卒業式に結果が出ていないのは、結果が出そうもないと覚悟している母にとってはありがたいことなのではあるが、ダラダラと続くというのも真綿で首をジワジワ状態で正直どうなの⁉ とは思う。

結果を想像するに高望みすぎてかなり絶望的ではあるが家族は比較的明るい。芸人のクールポコさんのネタを真似て夫婦でこう言っている。

「な〜にぃ? やっちまったな?」

「男は黙って」

「浪人!」

息子はこれを見て「今から決め付けんな!」と苦笑いだ。相変わらずひどい親だ。

6年一貫は長いと思っていたが過ぎてしまえば短かった。本当にアッと言う間だった。この6年で息子は私の身長を追い越し、入学当初の写真とは別人である。息子はドンドン私の手から離れていき、少しずつ少しずつ自分の道を歩き始めているようにも感じる。

私は私で歳を重ね白髪も体重も増えたが、それにも増してこの6年でいろんな人と知り合えた。それぞれに魅力溢れる人たちで、その人たちのおかげで私も少しずつ大人になっているようにも思う。

ある日、私は学校近くの湾を正面に見据えるレストランでこの学校で出会えた大切な母友と向かい合っていた。西日の当たる席でキラキラと輝く海を眺めながら二人でこう話した。

「お互いいろいろあったけどさ、この学校、好きだなぁ……」

「ホントに。母が子どもの学校が好きだと言えるってことはホントに幸せなことだよね…」

「もうこの景色を見られるのも、あと何回もないかと思うと寂しいね」

息子の学校の母たちはこのロケーションに酔ってしまうので、こういう言葉が出やすいのだ。私もこのロケーションの良さには正直参る。「行かせて良かった」と思うのもこのロケーションに負うところも多い。

さらに私は思う「何人かの母友に出会えたこと」。このことは私にとってとっても大きかった。

中1から知っている子たちの成長を見るのは他人《ひと》の子であっても楽しいものだが、相手もそんな風に思ってくれて「(たこ太の成長を) 楽しみにしている」と手放しで言ってくれる母たち。ありがたいなぁって思う。

一人は私が学校にギャーギャー怒っていたときに「あなたにたこ太は任せられない! 今夜は家で預かる!」と言い切り、実際に息子の面倒を少しの間見てくれた母友。

彼女はダンナさまと共にいろいろと配慮してくれ、息子を登山に連れ出してくれたし、空手も習わせてくれようと心を配ってくれた。感謝してもしきれない。

もう一人がレストランで向き合っていた母友。

彼女も夫婦揃って家の息子が何かあるたびに自宅に泊めてくれて、無条件に面倒を見てくれたっけ。どちらの家庭でも我が息子は意外と饒舌に話すらしく問われるままに答えるらしい。そうしてその母たちがあとで触りだけを私に教えてくれた。

「こないだね、たこ太、なんて言ったと思う？『ご迷惑はかけられないので、もう泊まらずに帰りますから』って言ったのよ、アイツが（大爆笑）。ああ『ご迷惑はかけられない』って言えるほど成長したんだと思うと笑いと一緒に涙が出た。『なんも考えてない！』ってたこ太のことをりんこは怒るけど、たこ太は実際考えているし、私にはちゃんと言ってくれるし。あはは〜、ヤツとの約束だから誰にも言わない！

家のお父さんも楽しみにしてんのよ、たこ太来るの。家の（息子）もついでにしゃべるし、お父さんも息子が増えたって感じなんじゃない？　12歳から知ってるんだもん、そりゃ可愛いわよ」

母友はいつも豪快に笑って「悩みなんか千でも万でも来い！　受け止めちゃる！」って感じの肝っ玉母ちゃんだけど、この数年自身の仕事と子育てと介護が一度に押し寄せてしまい、大変な苦労を背負い込んでいる。いつ倒れてもおかしくない日々なのに、その愚痴を笑い飛ばすかのように明るく話す。そんななかで家の子の面倒まで見てくれた。

私たちは西日を思い切り浴びながらこう言い合った。

「将来の不安は拭いきれないし、今も大変だけど、こうやって海を見ながら話せるって幸せだよね…」

「子どもは〝牛歩〟ならぬ〝かたつむり歩〟だけどね（笑）」

「かたつむり　そろそろ登れ　富士の山（小林一茶）って？」

「目標が富士山なんて将来安泰ね、私たち（笑）」

彼女がアイスティーの氷をストローで混ぜながらこう呟く。

「ねえ、りんこ？　卒業式、出ようね。

私たちはさ、描いたとおりの未来ではなかったかもだけど、でも一生懸命やってきた。子どもはともかくさ、私たちは一生懸命やってきたよね？　毎日、毎日、あったかいご飯を用意することだけでも頑張ってきたじゃない？　ホントに長かったけど、短かったね。

やり残したことも、やれなかったことも多いけどさ、ともかくさ、完璧じゃないけどやってきたよね？だからさ、卒業式は胸張って出よう？　ううん、出ないといけないって思う。私たちの卒業でもあるよね、きっと…」

いつの間にか陽が沈み目の前には車のライトに照らされる瑠璃色の海が広がっている。私たちは「またね！」と言って明るく手を振った。今度会うのは卒業式かなと、思いながら。

沈丁花

沈丁花《じんちょうげ》、漢名・瑞香、別名・輪丁花。ジンチョウゲ科ジンチョウゲ属の常緑低木。
花言葉「やさしさ」「おとなしさ」「栄光」「歓楽」「不死」「不滅」「永遠」

千秋へ
今ごろ、何をしていますか?

私は相変わらず進歩のない暮らしをしています。ボーッとしたりバタバタしたりで結局何もしないうちに一日がアッという間に過ぎて行きます。こんなことでは、いつもキチンとしているあなたに怒られると思いながらも、全然キチンとできません。

千秋が近くにいないってことが自分でもよくわからなくて、携帯のアドレスはそのままです。電話をしたら、いつものように「やっだ、元気〜?」って出てくれないですか。

こちらはね、そろそろ春と呼ばれる季節になります。

千秋の姿が突然引っ越したかのように見えなくなって2度目の春、今年もあなたの好きな沈丁花が咲く季節が来ます。

「りんこ、知ってる？　沈丁花はね、花芽が12月ごろにはできてるんだって。でも実際に咲くのは3月じゃない？　それまで3ヶ月以上寒い冬をじっとそのまま過ごすらしいよ。そのあとに待っていたかのようにあの匂い。『ここにいるよ〜！　春はここだよ〜！』って知らせてくれるんだよね。ちょっといいでしょ？」

この話をしてくれたとき、千秋と私はとある学校のダラダラと続く坂を登っている最中で、千秋は「ごめん、息切れ」と言っては何度も立ち止まったね。

「坂がキツイ」と言うあなたに私は大笑いしながらこう言ったんだよ。

「やーい年寄り！　更年期⁉　いよいよ来たか⁉」

千秋は不満そうに口を尖らしたあと、不意に坂に沿って植えられている生垣のなかから目敏《めざと》く何かを見つけて「あっ沈丁花！」って言ったんだよね。

私なんか、ちゃんと咲いて香って、しかも「これだよ」って言ってもらわないと全然わからないのに、すごいなぁって思ったんだ。

「好きなんだよね、この花」

確か、そう言ったよね。

「香りが？」と聞いた私にあなたは言ったね。

「うん、花は地味なんだけど（香りで記憶に）その風景ごと残るじゃない?」

小さな目立たない花なのに冬の寒さに耐えて、花の色ではなく香りでその姿を人の心に残すって意味なのかな?　って思ったけど違うかな?

数校だったけどピクニックみたいに二人でいろいろおしゃべりしながら学校を回ったね。

「なんで女子校って坂の上に立ってるのかな?」って不満ばかり言ってたくせに「じゃあ受けるの止める?」と聞く私に「いや、這《は》ってでも登る!」と言った千秋。

本当は這いたいくらい具合が悪かっただろうに、私、鈍くてごめん。全然、わからなかった。具合が悪いなんて本当に全然わからなかったよ。私、坂、嫌いになっちゃったじゃん。

千秋が中学の先生にいきなり「50人生徒がいて1人変な子がいます。先生は49人を取りますか?その1人を大事にしますか?」って聞くから「どんな質問だ?」って驚いたよ。

先生も先生で答えるんだよね、不思議と。

「僕だったらという前提でいいですか?　僕なら49人を守ります。1人のために49人を犠牲にはできません」

とはっきりおっしゃったよね。

千秋はガッカリするのかな?　って思ったら違ったね。ニッコリ笑って「安心しました」って先生に頭を下げたね。

あとで「我が子がその1人になったら放出決定じゃん?」って笑う私に千秋は真面目にこう言った

から私は「この親バカは！」ってまた笑ったんだっけ。

「家の子はいい子だから、その1人にはならないの。でも、親は守ってあげられなくなるから変な子がいるのは困るのよ」

桃源郷を求めるかのような千秋に私は言ったんだ。

「そんな理想的な学校なんてこの世にないよ。どこに行ったっていろんなことがあって不満もたくさんあるよ。結婚と同じだよ、理想の相手で好きで好きでたまらなくても、結婚しちゃってしばらくすると『あれ〜？』ってことがたくさんあるのと同じだよ」

千秋は言ったよね。

「でもりんこ、好きで好きでたまらなく好きな人と結婚したほうが幸せじゃない？」

「まあさ、そうかもしれないけど6年は長いから、好きだったはずなのにと思ったりさ、逆に結婚したのに向こうはまったくこっちを好いてないどころか嫌ってる？　ってこともあるし、大体、子どもも大きくなって操縦不能なわけよ。そんなに学校にも子どもにも期待しちゃダメだって」

千秋はちょっと考え込むような仕草をして呟いたっけ。

「期待をしない子育てってどんなの？　親だもん、期待するよ。そんな期待しない子育てなんて私にはできない。期待しちゃう、なんだって。今日より明日って期待しちゃうよ」

そのときの私は〝その期待〟こそが我が子を潰すんだと自信喪失になっていた時期だから、そう言う千秋が痛々しく見えたんだよな。

千秋はあのとき、こう私に聞いたよね？

「りんこはなんで我が子には『この学校』って思った？」

「う〜ん、そうだなぁ。泣けるとこがあるから？」

意味がわからないって顔で千秋は私を見つめていた。

「なんかね、わかんないんだけど、子どもには『丘で泣け！』『海で泣け！』って思ったんだよね。まあ『丘』は落ちたけどさ（笑）。

私立って理念があるじゃない？　シラバスもしっかり組んであるし。そこが公立にない魅力だけど、いろんな学校説明会に出て思わなかった？　どの学校も結構盛んに『挫折しろ』だとか『失敗しろ』って言うな〜って。それで『挫折は買ってでもするべき』とか『失敗を恐れるな』って繰り返し言うんだよね。そこが当時は痛く気に入って『そうだ！　挫折をさせなければならん！　海で泣いてもらおう！』って、もう単純に（笑）。でも実際子どもが泣くと母はもっと泣くから『ああ、あんなこと願わなきゃよかった』って恨んだり（笑）。ひどくなるとホントは子どもに泣いて欲しいのに、母だけ泣くってこともあって、もう親辞めたくなるよ。もうさ、ホントに入ったら入ったでいろいろあって、やきもきするのよ、母は。私はやきもきなんて絶対したくないのにさ〜、なんでかね〜」

千秋は笑いながら聞いていたけど、直ぐに半分真顔で静かにこう言い返してきた。

「りんこ。私、やきもきしてたいの。できればずっと、あの子のことでやきもきしてたいの」

ごめんね。千秋がどんな思いで言っているのか、あのときは全然わかってなかったんだ。

最後の電話で千秋、こう言ったよね。

「りんこ、信じられるっていいよね。私はあの学校を信じられるし、何より家の娘なら根拠ないけどさ、これから先も絶対大丈夫って信じられる。これは中学受験をさせなかったらわからなかったと思う。こんなにも家族で頑張ったし、(母が入院中だから)誰よりもあの子は頑張ったと思う。あの子は弱い子だと思ってたけど、私が守らなきゃって思っていたけど、なんだ、母がいなくてもちゃんとできるじゃん？　大丈夫じゃん？　って信じられたから、(子育てに)悔いはないよ。

これから先、いろいろあるってりんこは言ってたけど、この時点で最高だと信じた選択をしたんだから、もうあとで間違ったと思ってもそれはそれでいい。

りんこが言ってくれたでしょ？『ここ(学校)で泣け』って。

ありがとね。娘はあそこで泣いて大人になっていくんだなぁって思ったら、なんかね、いいじゃん、それでいいじゃんってホントに思えたから。りんこのおかげ」

そんなこと言われても現実の私は今もここで、自分だけが空回りして、待てない子育てで、まだなお、やきもきしているんだ。

千秋、あなたは今も空の上でやきもきしている？

溢れるばかりに香る沈丁花を感じると花が近くにないかと探してみてるよ。そんな季節が今年ももうすぐ来るね。私はもうしばらくは、私の子どもたちにやきもきしながら暮らすと思う。

千秋、「それでいいじゃん」って笑って欲しい。

ちゃんと踏んで行け

センター終わる。私大願書受付け始まる。こうなると考えたくもない金額が目の前を通過して行く。国立入試・金壱万七千円也、私大センター利用・金壱万八千円也、私大一般選抜入試・驚きの金参万伍千円也（もっと高いケースもある）。

一体全体いくらかかるんだ⁉　入試なんて紙代だけだろうに、なんでこんなに高いんだ！　もしや試験用紙に金箔でも貼ってるんじゃないのか？　と疑いたくもなってくる。

出願二校目あたりでこう思った。

「ふっ。今のでヴィトンの財布が買えた…」

友人（医薬系予備校生の子どもあり）に訴えたら彼女はこう返事してくれた。

「ヴィトンくらいでガタガタ言うな！　アタシなんて受験料だけでバーキン買えそうよ！」

冗談じゃなくホントに高い。果てのない教育費に気が滅入りそうになる。

センター撃沈となって以来、息子の周りの空気は妙に優しい。父方の祖母は、「健康さえあればええで〜。健康であれば何とでもなる。あんたら（息子夫婦のこと）、厳しいこと私の孫に言わんでちょーよ」

と釘を刺す。

母方の祖父母は入院手術で孫どころではないので「一浪くらいどうってことない！」と言い切る。あのぉ〜？　まだ浪人と決まったわけでは…。

ともかく17歳（たこ太は3月生まれ）、落とし前は自分でつける年齢になった。落ちれば運が悪いというよりもテメ〜の勉強不足、それに尽きる。

大学入試が中学受験と決定的に違うところは、やはり親の出る幕がないということだ。お金の問題は依然として残るものの、伴走して一緒に勉強するわけでも、ましてや学校見学を母がガンガンやっていくわけもなく、もうどこを受けるも親の意見は簡単には通らない。意見は無視され、それなのに、受かればまだしも落ちたときのショックを考えると「やっぱ始めからヴィトンにしときゃ良かった。こっちは手元に残るじゃん！」と考えてしまいそうで、母の精神衛生上やはり受験はよろしくない。

「（受験料が）もったいない、もったいない。しかも6年私立で花の浪人じゃ（金がかかって）洒落になんない」と繰り返す妻にダンナが言った。

「俺も親に散々お金を出してもらったけれど何にも返してない。りんちゃんもそうだろう？　だったらなおさら、俺らは親にやってもらってきたように（子どもたちに）やっていこう。それしかできない。

（結果は）長い目でみようぜ」

子育てというのはきっと誰しも長い目で見なければならないものなのかもしれない。

七十代の私たち夫婦の親たちは四十代のオッサンとオバサンになった子どもをいまだに心配している。いつまで経っても子どもは子どもなのだろう。

最近、大学生の子どもを持つ友人たちに「子育てのゴール」を聞いて回ったが、誰しもがこう答えるので驚いた。

「留年しないで卒業ってのもあるけど、やっぱ就職かな？　就活、厳しいしね。でも、きっと就職しても今は簡単に離職しちゃうし、結婚も心配だし、そうなるとキリないわね…」

あんなに中学受験がゴールとか、いやいや、やっぱりゴールは大学入学でしょう？　とか言ってきた人たちなのに、子どもがハードルをひとつ飛んだら、また違うハードルが現れている。やはり子育ては母である限り際限ないものなのかもしれない。

今年、息子の大学受験を経験している母友はこう言う。

「子どもがいるのといないのでは人生の経験値はまったく変わっていく。子どもがいてくれたから初めて経験できたことがものすごく多い。いろいろあったけど今は子育ての辛さも何ていうのか、まとめて楽しむって感じ？　今はね、キミがいてくれてよかったって息子にそう言いたい気持ち、絶対言わないけどね（笑）」

この友の子育ても紆余曲折《うよきょくせつ》があって迷走していたっけ。子どもが部活で挫折したり、学校の理不尽な対応に泣いたり、子どもが自分を必要以上に傷付けたりで、一時は大学受験どころじゃなかった。それを目の前で見なければならない母の立場に何度も泣いていたよね。

彼女は息子の大学入試当日の夜、こうメールをくれた。

「今、彼なりに頑張っているんだろうなあと思うと、なんだか泣けてくる。夕方帰って来てすぐに眠ちゃった彼になんて言っていいのかわかんなくて、言いたいことはいっぱいあるんだけど、言えなくて…」

子どもは親を選べないって言うけど、親も子どもを選んでいるわけじゃない。縁あって親子となり、なんやかやと騒々しく暮らしながら生きている。

「母ができることは少ないけれど、あったかい部屋でごはんを食べさせればそれでいい」

と友が言う。「そうかもしれないね」と私も頷く。

子どもがいてくれるからこそ味わえるいろんな気持ち。良いことも悪いことも母の人生を彩る。彩りはたくさんあったほうが賑やかでいい。

昔馴染みで子育てではちょっと先を行く友が、たこ太の大学入試が始まるときにこう言ってくれた。

「りんこ、たこ太の受験の結果がどうあれ、ちゃんと踏ませなね」

何を？　と尋ねた私に彼女はこう言った。

「中高一貫に入れて、早くから自分のなりたいものや目標ができる子は一番いい。あとはそれに邁進《まいしん》すればいいだけだからある意味、親も子も楽だわ。でも本人が極められそうなものをまだ見つけられない子は、やりたいことを仕事に結び付けては考えられない。

とりあえず大学へという選択肢は楽に見えて、目標がない分、一番きついのかもしれない。たこ太は私が思うに納得しないと決して前に進もうとしないタイプよね、昔から。

予備校ひとつとっても『なんでみんなが行くから俺も行かないといけないんだ？』って言うタイプじゃない？　そういう変に真面目って言うか、神経質って言うか、ナイーブって言うか、そういう子はちゃんと自分が納得できるように、ひとつひとつをきちんと踏んで行かないとわからない。だから時間もかかるし、回り道をして行くように思えるかもしれない。

母にとっては歯がゆい子よね。その代わり、きちんと踏んでいけたら、これほど強い子もいない。だから、りんこは結果にオタオタするのではなく、大学に入っても、入らなくても、たこ太を信じて、これから先は一歩一歩きちんと踏んでいるかを見ていればいいの」

ちゃんと踏ませるかぁ…。さすが昔馴染み。難問を突き付けられちゃった。

中学受験に首を突っ込んで早八年。

この間、たくさんの数の母たちの声を聞かせてもらって来た。息子の中学受験を経験しなければ決して出会うこともなかった人たちだ。壮絶な話もたくさん聞かせてもらったし、微笑ましい話もたくさん聞いた。共通して言えることは、どの母も一生懸命で、とても真面目で、とてもいい人で、そして何より我が子をとても愛している。

それぞれの母がたとえどんなに優秀な子を持とうとも悩みを持ち、それは子どもが思春期を迎えたということを象徴するかのように苦しい。子育ては母にとって、こんなにも大変なものかと改めて思い知らされることが多い。苦しいときにはドラマのように「あれから5年」と一気に時計の針が進まないものかと思うほど逃げたくなるときもたくさんある。

しかし同時にこんなにも自分以上に大切な存在がいるのだという幸せを彼女たちはみんな知っている。

「子どもを私立の中高一貫に入れて良かったですか?」

今思う。良かった。本当に良かった。

中学受験のときも、実際に入学させてからも、私は泣いたり怒ったり笑ったり喜んだりで忙しかった。その多くは我が子といえど直接は母自身に降りかかっている問題ではない。それなのにある時は我が身が斬られるような痛みを覚え、またある時は笑顔と涙がゴッチャになったりで、この私の子どもたちがいてくれたからこそできた経験ばかりである。

一生懸命だった。多分、私は子どもに関してはたゆまず一生懸命だった。一生懸命、子どもの幸せを願って来た。自己満足もはなはだしく、子どもにとってはいい迷惑だったかもしれないが、これは多分、中学受験をして、中高一貫に放り込まなければ考えもしなかったことかもしれない。

「人生にとって何が大切ですか?」

自分の本音と建て前の価値観に揺れながらも真剣に考えてきた8年間だと思う。たこ太に聞いてみた。

「6年振り返ってみてどうだった?」

彼はめんどくさそうにこう言った。

「良かったんじゃねーの？」

良かったんじゃねーの？　そうだよね。信じた道はこの先どう続こうとも良かったに違いない。キミは振り返らずに前を見てればいいよ、しっかり踏みながらね。

今、中学受験に迷っている母がいるのだとしたら私はこう言いたい。

「信じた道を行けばいい。それしかない」

私が「たこ太」に関して書くことはこれから先はないだろう。彼はもう十分大きくなった。日本語も少しはまともになってきた。書きたきゃ自分で書きやがれと思っている。それを言ったらたこ太は結構マジにこう言った。

「偏差値30からの大学受験？」

ええ――――？　やっぱ「30」から始まるんだ⁉　大学受験、長期戦確定か⁉

おわりに

『偏差値30からの中学受験合格記』から5年の月日が経ちました。おかげさまで、たこ太は無事高校を卒業し、私の娘も高校生になりました。

子どもたちは、成績がいまいちなことをのぞけば、とってもいい子（ねっ、りんこさん！）で、学校生活もそれなりに楽しんでいるようだし、何の心配もありません。もう子育ても終盤にさしかかり、これからは母としてよりも、自分のために生きていこうと思って…、思って？ うん思っていかなくちゃいけないと思っています。

ははは、そうなのです。あれから5年、わかっちゃいるけれど、相変わらずりんこさんも私も、そして多くの母たちが右往左往しています。子どもたちのことが心配で、子どもの成長なんか、ちーっとも待てずに、成績がいまいちなことこそが、最大最強の悩みで。反抗期を迎えた子どもたちは、まあ、楽しそうなことはそうなんですが、親の理想とはかけ離れた楽しみ方もしてくれちゃって。ああ言えばこう言う子どもに、毎日のようにカッカカッカしながら、まったくもって、母だけがこんなにドタバタしてどーすんだってくらい、進歩のない毎日を送っています。

それは多分、りんこ家もそう、我が家もそう、子どもたちの数だけ、どこの家庭にもドラマがあって、泣いたり笑ったり怒ったり驚いたり。だからそれは決して特別なことじゃなくて、中学生や高校生を持っている母たちはきっとみんな同じなんです。でも、ときどきつらいことや悲しいことがあると、「なんでうちだけが」とか「どうしてうちはそうなの？」と苦しいまでに思ってしまう。

だから、届けようと思ったのです。あの、物語の続きを。

もちろん、りんこさんは悩みました。何をどう書いていいかわからないと言いました。でも、その度に私は言い続けたのです。「あの合格記で、いったいどれほどの人が気持ちを救われたと思うの？　だったら、そのあとを書くことはりんこの義務だ。えーい、落とし前をつけやがれ！」と。

あれからりんこさんが過ごした6年は、きっと同じように中学受験を経験した人に、いま悩んでいる人に、静かに何かを伝えてくれると信じています。

もう少し、子どものことを待ってみようかな。

子どものことを、もう一度信じてみようかな。

成績だけじゃない、この子の良さをみつけたいな。

みんな、子どもたちのことを精一杯愛している、精一杯子育てしている母なのですから、「よく頑張りました」の言葉とともに、あなたに、この本を届けたいと思います。

学習研究社の藤林仁司さん、途中テーマも変わってしまった私たちに、根気よくお付き合いくださって、ありがとうございました。私はいつも編集者としての原点を学んでいます。

デザインをしてくださった釜内由紀江さん、あなたがいればいつだって、最後はステキな本に仕上がることがわかっているから、私はどんなときも安心していられます。

そして、りんちゃん、お疲れさま。最後の最後まで、あなたは見事な書き手でした。あなたの器の大きさや嘘のない生き方が私は大好きです。

そして、そして何よりもこの本を手に取ってくださったあなたに、心からの感謝を。これからも一緒に「母」を頑張っていきましょう。

2008年3月　編集担当　望月恭子

PROILE

鳥居りんこ
1962年生まれ。ホームページ「湘南オバさんクラブ」主宰者。（2002年9月開設）
コンテンツのひとつとして「偏差値30からのお受験講座」を連載。その後、学研より『偏差値30からの中学受験合格記』のタイトルで同連載を出版。その他著書に『中学に入ってどうよ!?』『ノープロブレム・答えのない子育て』など(いずれも学研)。現在は教育雑誌その他にかかわりながら文筆活動中。

STAFF

企画・編集・文　望月恭子
エッセイ　鳥居りんこ
装丁・本文デザイン　釜内由紀江

編集人　藤林仁司

偏差値30からの中学受験 **卒業編** **母と子の旅立ち**

発行日　2008年4月28日初版発行
発行人　大沢広彰
発行所　株式会社　学習研究社
印刷　大日本印刷　株式会社

この本の内容に関する各種のお問い合わせは、次のところまでご連絡ください。
■編集内容については、編集部直通　☎03-5447-2335
■在庫及び不良品（落丁・乱丁）については、出版販売部　☎03-3726-8188
■それ以外のお問い合わせについては、「学研　お客様センター」
電話は、☎03-3726-8124
文書は、〒146-8502 東京都大田区仲池上1-17-15
学研お客様センター『偏差値30からの中学受験 卒業編』係